INHALT

SOMMER

HERBST

Editorial

Über keine andere platonische Leidenschaft wird so literarisch, so anmutig und philosophisch geschrieben, wie über die Gartenlust. Andere Freizeitgestaltungen mögen mit ähnlicher Inbrunst betrieben werden, aber adäquat beschrieben sind sie nicht: Philatelie etwa? Volleyball? Oder Modelleisenbahnen? Gartenkunst und Gartenlust jedoch haben seit Anbeginn der Zeit ihre literarischen Fürsprecher. Der Mensch wurde aus einem Garten vertrieben, nicht aus einer Turnhalle oder seinem Hobbykeller. Weltliche und geistliche Herrschaften ersannen und pflegten Gärten, als noch kein Mensch an Briefmarken oder Fallerhäuschen dachte. Schon die Jungfrau Maria saß im Rosenhag. Semiramis war Gärtnerin. Plinius liebte seine ländliche Villa und die vom Duft der Veilchen überströmte Terrasse. Wieland betrachtete Gärten als »glückliche Inseln« und seinen Hain als den Ort, »wo ernstes Denken oft mit leichtem Scherz sich gattet.« Harold Nicolson empfand Unkrautjäten als philosophische Übung: etwas Stumpfsinniges gründlich zu tun festige den Charakter. Ein Garten ist der fließende Übergang von Natur zu Kultur; ein begrenzter Fleck, auf dem der Mensch sich als Schöpfer versucht. Jeder, der heute Lavendel pflanzt oder Minze rodet, fühlt etwas von dem antiken Ernst und der klassischen Heiterkeit seines Tuns.

Die vorliegende Gartenlust, der jedes Jahr ein neuer Band folgen wird, nimmt den Faden literarischer Naturbetrachtung auf. Arthur Miller schreibt über Gemüse,

Martin Mosebach über Gärten auf Capri, Eva Demski über lügnerische Samentütchen, Karla Schneider über Katzengräber. Die Olive wird ebenso geehrt wie die Frankfurter Grüne Soße. Die Schnecke und die Stinkmorchel erfahren außergewöhnliche Würdigung. Vita Sackville-West und Alma de l'Aigle treten den Rosen ganz nahe, und in den Büschen singt die Nachtigall, wie Eduard Mörike sie notiert hat: *Tiuu tiuu tiuu tiuu / Spe tiu zqua …*

Gärten – eine platonische Leidenschaft? Peter Sager zitiert in seinem Buch »Englische Gartenlust« einen französischen Küchenchef: »Die Engländer, die so introvertiert und kühl sind, drücken ihre ganze Romantik und Leidenschaft in ihren Gärten aus – nicht beim Essen, nicht beim Sex, aber wenn du in ihren Gärten spazierst, siehst du es quellen.« Etwas von dieser Erotik liegt auch in meiner Gartenlust. Treten Sie ein!

Elsemarie Maletzke

Mr. Mole – unser Mann im Untergrund spricht zur Hortikultur

Erbarmen mit den Rosen!

Einer Rose einen Namen zu geben, ist eine große Ehre; und falls Sie Rosenzüchter sein sollten, können Sie sich mit einer neuen *Kreation* unsterblich machen, egal, wie Sie heißen. Die meisten alten Rosen haben Glück mit ihren Paten: Duchesse d'Angoulême, Madame Hardy, Königin von Dänemark, Commandant Beaurepaire… Oder sie heißen, wie sie aussehen: Boule de Neige, Maiden's Blush, Veilchenblau, Tricolore de Flandre,

Mousseline. Ich möchte keine Rose im Garten haben, die Leverkusen, Super Dorothy, Whisky oder Financial Times Centenary heißt. Doch, doch, die gibt es. Oder Chrysler Imperial. Warum nicht gleich General Motors? Ich hielte es auch für ein Zeichen von Größe, wenn Damen und Herren des öffentlichen Lebens, denen eine Rosen-Widmung angetragen wird – wie eitel oder verdienstvoll auch immer – etwas Zarteres als ihren eigenen Namen wählen wollten. Gerade moderne Teehybriden leiden fürchterlich, wenn man sie damit anspricht: Reichspräsident von Hindenburg, Mildred Scheel oder Helmut Schmidt (zitronengelb!) Erbarmen! Ich habe eine Mainzer Fastnacht im Garten, weil ich unbedingt eine zartviolette Rose haben wollte, aber sie mickert vor sich hin. Eigentlich kein Wunder.

Nigel Nicolson

Im September 2004 ist Nigel Nicolson mit 87 Jahren gestorben, der jüngste Sohn von Vita Sackville-West und Harold Nicolson. Er hatte das Werk seiner Eltern – Sissinghurst Garden – dem National Trust überschrieben und wohnte allein im Torhaus des Schlosses; mit den Jahren etwas schwerhörig geworden, aber von unverbrüchlicher Gastfreundschaft. Er mochte es, wenn Hunderte durch den berühmten Garten schweiften, und er, mit dem Rücken zu ihnen, im Pavillon saß und an seiner Autobiographie tippte. Als Junge war er »nicht würdig«, seiner Mutter beim Gärtnern zu helfen; als alter Herr machte er manchmal Vorschläge, »die in der Regel ignoriert werden.« 1996 waren zwei literarische Damen bei ihm zu

Gast, weil sie Material für ein Buch über Sissinghurst sammelten. Er schloß ihnen die Bibliothek und Vitas Arbeitszimmer im Turm mit den kostbaren Erinnerungsstücken und Erstausgaben auf (To Orlando from Virginia), und erst als er sie zur Bahnstation fuhr, fragte er beiläufig: »Haben Sie vielleicht irgend etwas aus dem Haus entliehen?« Nichts; nur im Garten eine Vogelfeder aufgelesen. Einer holländischen Studentin, nach Mr. Nicolsons Worten »an enterprising young lady«, die bedeutend ungenierter als die beiden Damen im fremden Schreibtisch gekramt und dabei einen unbekannten Brief Virginia Woolfs an Vita Sackville-West gefunden hatte, schenkte er das Schreiben »for her serendipity« – für einen ungesuchten aber glücklichen Fund. Ehre seinem Andenken.

Der Bilch

Ein junger Gartenschläfer war aus dem Nest im Dach abgestürzt; vielleicht hatte ihn auch die Katze in der Mangel gehabt und dann das Interesse an ihm verloren. Da lag er unter dem Weinstock, und erst als mein Nachbar R. ihn mit der Schaufel hochnehmen und auf den Kompost werfen wollte, zeigte er, daß er noch lebte, indem er versuchte, auf den Vorderpfoten in Deckung zu robben und dabei seine streichholzdünnen Hinterbeine nachzog. Junge Bilche sind recht niedlich mit einer kleinen dunklen Maske um die Augen und einem Puschel am Schwanzende. R. kehrte in Abständen zur Unfallstelle zurück und beobachtete seine wachsende Munterkeit. Er legte ihm eine halbe Aprikose vor die Nase, die das Tier mit großem Appetit fraß. Dann zog er den Garten-

stuhl hinzu und bewachte den Patienten dauerhaft, im Fall, daß sich die Katze seiner erinnerte. Im Internet suchte mein Nachbar ein Forum, um den Fall eines Junggartenschläfers mit zwei gebrochenen Hinterläufen zu diskutieren. Nachts setzte er ihn mit einem Büschel Heu (zum Nestbau), einer Handvoll Nußkernen und zwei Aprikosen in einen Eimer und hängte ihn unter die Schuppendecke. Der erste Vorschlag aus dem Internet ging ein: Tierarzt aufsuchen! Am nächsten Morgen hatte sich die Sache erledigt. Nun, da die Trauben reif sind und sich räuberische Bilche jede Nacht im Weinstock einen anzwitschern, könnte R. zum Mörder werden. Das hätte er auch billicher haben können.

Verbranntes Gras

Eine der größten Heimsuchungen im Garten ist der Rasenmäher; sowohl in seiner menschlichen Gestalt, als auch die Maschine, deren stundenlanges debiles Gejammer empfindliche Naturen unter die Erde treibt. Wahre Rasenfreunde, so entnehme ich der Seite www.gartentechnik.de, scheren ihr Grün ein- bis zweimal in der Woche und zwar mit dem Kleintraktor. Zu ihrem weiteren Instrumentarium gehören der Vertikutierer, die Rasenkantenschere, der Rasentrimmer, der Federrechen, der Dünger-Streuwagen und die Beregnungsanlage. Ich schätze halb-religiöse und museale Rasenwerke, wo Maniküre angemessen scheint: etwa in den Colleges von Cambridge, deren handgebürstete, schimmernd grüne Rhomben nur von Professoren betreten werden dürfen. Auch dies könnte unterbleiben. Ich bin da durchaus undemokra-

zig Stroh-Mannequins zu einem Pariser »Festival der Vogelscheuchen« auf. Die renommierte Putzmacherin ließ sich dabei von der Mode des achtzehnten und neunzehnten Jahrhunderts inspirieren, assistiert von dem Maler Hippolyte Romain und einer Bande restlos begeisterter Schulkinder. Der Abschreckungswert der jeweiligen Modelle war allerdings, mangels erntereifer Kirschbäume, vor Ort nicht zu ermitteln. Was die Vögel zuverlässiger zum Abdrehen veranlaßt – die Dame im blauen Seidenkleid mit »Cul de Paris«, der Stutzer im rosa Jackett mit Strohzylinder oder die Gärtnerin in mauvefarbenem Kattun mit silberner Christofle-Gießkanne –, wird sich daher erst herausstellen, wenn das Couture-Kunstwerk *in situ* ist. Will heißen, wenn die Scheuche im Baumwipfel schwankt.

Zu erwerben sind die modischen Schrecknisse (Preis auf Anfrage) bei den Ateliers du Jardin d'Acclimatation. Vor einer eventuellen Einfuhr nach Deutschland ist allerdings ein Blick in die hiesigen Tierschutzgesetze sowie in das Nachbarschaftsrecht ratsam. Einheimischen Singvögeln könnte der plötzliche Anblick der welschen Kreationen die Sprache verschlagen, schreckhafte Gartennachbarn könnte der Schlag treffen. Von einer dauerhaften Belästigung aber kann bei den »Epouvantails« von Saint Cloud nicht die Rede sein. Im Gegensatz zu Zwerg und Venus sind Vogelscheuchen temporäre Gartenskulpturen, die gleich nach der Ernte wieder weggepackt werden. Andernfalls gewöhnen sich die Vögel daran und beginnen am Ende auf den geräumigen Hüten der Madame Mercier zu nisten. Falls der Nachbar sie nicht vorher geklaut hat.

Frühling

Gestaltung und Herstellung:
Carsten Wolff, Wolff Kommunikation/Frankfurt am Main
Druck: Caruna Druck GmbH & Co. KG, Miltenberg
Bindung: Litges & Dopf Buchbinderei GmbH, Heppenheim
Printed in Germany
ISBN 3-86597-032-x

www.heinrichundhahn.de

Literarische Gartenlust

Herausgegeben von
Elsemarie Maletzke

HEINRICH & HAHN

nis nach anthropomorpher Gesellschaft kann dann immer noch abgeholfen werden, allerdings auf zweckvolle und gartengerechte Weise: mit einer Vogelscheuche.

Nichts schreckt Stare, Amseln, Sperlinge und Ringeltauben wirksamer ab als das Abbild des Menschen. Vorausgesetzt, es ist nicht allzu dürftig. Um ein Holzkreuz mit Hut, über das man eine alte, mit Stroh ausgestopfte Jacke gezogen hat, schert sich heute kein Fraßvogel mehr. Ein Paar verschlissene Arbeitshandschuhe, die an den ausgebreiteten Armen fangbereite Menschenklauen vortäuschen, sollte man mindestens investieren. Besser noch und zusätzlich eine Vollmaske aus dem Faschingsartikelbedarf. Die kostet nicht viel, wird etwa um ein Einmachglas gebunden und erreicht ihren höchsten Wirkungsgrad, wenn die Sehöffnungen weiß ausgeklebt werden. Perfektionisten können dann mit dem Filzstift eine Iris in der Farbe ihrer Wahl aufmalen.

Schön ist das alles nicht, weshalb ästhetisch empfindsame Kulturvölker wie die Franzosen bei der Namensschöpfung tief in die Semantik griffen. Während die Vogelscheuche im Englischen und Italienischen auf Krähenschreck respektive Spatzenschreck reduziert wird, dräut in Frankreich »l'épouvantail«. Das Entsetzliche, Schreckliche, Grauenhafte. Auch wenn es, wie im Land der Haute-Couture zu erwarten, überaus anziehend gekleidet ist.

Zu sehen sind solche herausgeputzten Schreckgespenster selbstverständlich in Paris, auf der Gartenmesse »L' Art du Jardin«. Im Park der Domäne von Saint Cloud reihte die Pariser Modistin Marie Mercier knapp zwantisch. Man stiefelt ja auch nicht durch die Kiesbeete eines Zen-Gartens. Es gibt 800 Typen von Rasenmähern. Neue Entwicklungen schließen den Mäh-Roboter ein, einen dummen Kerl, dem man einen Begrenzungsdraht ziehen muß, damit er nicht abhaut, und den Auto-Mower, einen speziellen Terroristen, der sich auch nachts einschaltet und loslegt. Die neueste Technik aber heißt Laser. Der Rasen wird mit einem hochkonzentrierten Lichtstrahl abgebrannt, angeblich ohne Verwundung des Grashalms. Dabei fällt auch kein Grünschnitt mehr an, kein Mulch und kein Kompost. Alles wird verbrannt. Eine saubere Sache. Fast so gut wie Teer.

Haute-Couture-Scheuchen

Kaum seien die ersten Sträucher und Bäume gepflanzt und der Rasen noch kein zweites Mal gemäht, wunderte sich der Gartenbesitzer und -autor Johannes Roth im Alter, müsse auch schon ein Akzent in die Botanik gesetzt werden. Er meinte damit den Zwerg, die Venus und andere Gebilde von Menschenhand. Dieser Drang und Zwang ist freilich älter als das Menschengeschlecht, ja, dieses verdankt jenem, wenn man der Bibel glauben darf, nachgerade seine Existenz: Fehlte nicht auch schon im Garten Eden etwas, das seinem Gärtner ähnlich sah?

Wir Heutigen und Aufgeklärten sollten indes imstande sein, den Garten ohne alle nach unserem Bilde geschaffene Zutat zu genießen. Und unser Geld statt in zweckfreien Gips, Ton und Kunststein in einen anständigen Kirschbaum der Qualitätssorten Hedelfinger Riesen oder Gubener Schwarze stecken. Dem metaphysischen Rest-Bedürf-

Parachutisten im Garten

Anna E. Tauber

Wo immer ich grabe, der Scharfe Hahnenfuß ist schon da. *Ranunculus acris*, die hübsche Butterblume, treibt eine kleine grüne Blattrosette, dann schiebt er einen zarten Stengel nach, mit dem er, kaum dreht man ihm den Rükken zu, einen Bogen schlägt und eine weitere Rosette unweit der ersten in die Erde senkt. Er verbreitet sich auf diese Weise mit Lichtgeschwindigkeit und ist als Bodendecker unerreicht. Der scharfe Ranunculus wächst sogar kopfunter über Winter im umgegrabenen Beet, ist im Vorfrühling der erste und weiß genau, daß ich ihm nicht mit der Hacke auf die Füße haue, weil ich fürchte, etwas zu treffen, was darunter noch schläft. Die Zwiebeln der kleinen Schwertlilien zum Beispiel, deren samtene Tigerzungen auf Schnee oder kalter brauner Scholle von solch exquisiter Schönheit sind, daß ich ganz geschmeichelt bin, sie unter derart ungastlichen Umständen bei mir erscheinen zu sehen. Ein Krokus sieht neben *Iris histroides George* aus wie ein Osterei aus dem Supermarkt. Oder man hackt versehentlich in die wilden Gladiolen, die auf Kreta in minoischer Anmut antike Hügel bewohnen. Der deutsche Hahnenfuß wird ihnen allen den Garaus machen, wenn man ihm nicht bei Zeiten den Weg abschneidet.

Harold Nicolson empfand das Unkrautjäten als wohltuend für Boden und Geist; es bilde den Charakter, wenn man eine stumpfsinnige Aufgabe sorgfältig erledige. Das sagt sich so gelassen als Erzengel über einen Garten wie Sissinghurst, in dem zu arbeiten heute die Crème der englischen Landschaftsgärtner Schlange steht. Der Einzelkämpfer gegen Scharfen Hahnenfuß und Konsorten lernt die unangenehmen Seiten seines Charakters gründlicher kennen, als der Selbstachtung lieb ist.

Der Löwenzahn ist ein weiterer Fall. Im Frühling überzieht er die spinatgrünen Wiesen mit seinem lauten Gelb, ein unschönes Farbspiel, das Gras und Blume reichlichen Gaben von Jauche schulden. Nach der Blüte landet der Löwenzahn als Fallschirmjäger in meinem Garten. Er treibt keine Stengel in die Luft, sondern Pfähle in die Tiefe, die dort ausgegraben werden müssen. Es gibt dafür geeignete Waffen, lange gespaltene Eisenzungen an einem kompakten Stiel, aber man muß es eben auch tun.

Ein weiterer Gast, der zu früh kommt und sich nicht freiwillig wieder verabschiedet, ist der Knöterich. Er ist der Tarzan unter den Rankgewächsen und der rechte Mann, wenn es gilt, etwas verschwinden zu lassen. Es kann auch ein stillgelegtes Atomkraftwerk sein. Der Knöterich übernimmt das und schafft es spielend, tote oder lebendige Materie in duftenden, trügerisch weißen Wolken vollständig einzuranken und schließlich unter sich zu begraben. Vom Versuch, seine Ausläufer aus den Zweigen des jungen Quittenbaums zu ziehen, rate ich ab. Tarzan ist stärker als jede Quitte. Man sägt den Knöterich, wenn man ihn findet, eine Handbreit über dem Boden ab, und zwar regelmäßig.

Eine befriedigende Methode, mit Parachutisten, die von oben einschweben und nicht mehr weichen, fertig zu werden, ist, sie mit ihren eigenen Mitteln – Zähigkeit, Wuchsfreude, Üppigkeit, Impertinenz und Unverwüstlichkeit – zu schlagen. Der Tag, an dem das Beet seine Farbe wechselt, von Winterbraun zu Graugrünaubergine, ist der Tag, an dem zehntausend *Phacelia*-Sprößlinge ihre Keimblättchen entfaltet haben. Über ein kurzes wird der halbe Garten von psychedelischem Lila erfüllt sein. Büschelschön oder Bienenweide heißt das Kraut auch, ein ordinärer Gründünger, sechs Euro der Sack, den man, wenn er in Hektargröße angebaut ist, selbst aus dem Weltraum gewahren soll, und der hält, was er verspricht. Die Hummeln brummeln wie betrunken darin herum, und der Löwenzahn daneben bleibt unbedient – jedenfalls, so lange wir nicht hinsehen.

Auch die Phacelia ist kaum mehr des Gartens zu verweisen, da sie sich anschließend selbst aussät, aber im Gegensatz zum Scharfen Hahnenfuß läßt sie sich willig, ja, fast zuvorkommend, ausrupfen.

Unwillkommene Tiere wollen wir heute nicht besprechen; nur einer sei angezeigt, der sich sonst gern zu den Nützlingen zählen läßt, der Igel. Mit Freuden sehe ich ihn an lauen Sommerabenden am Feldrain entlangtigern, Richtung Wildgehölz und hinaus aus meinem Garten, denn der Schweinigel macht sein Bett bevorzugt im Lavendel, jede Nacht in einem frischen Strauch, und hat mir auf diese Weise bereits eine ganze Rabatte ruiniert.

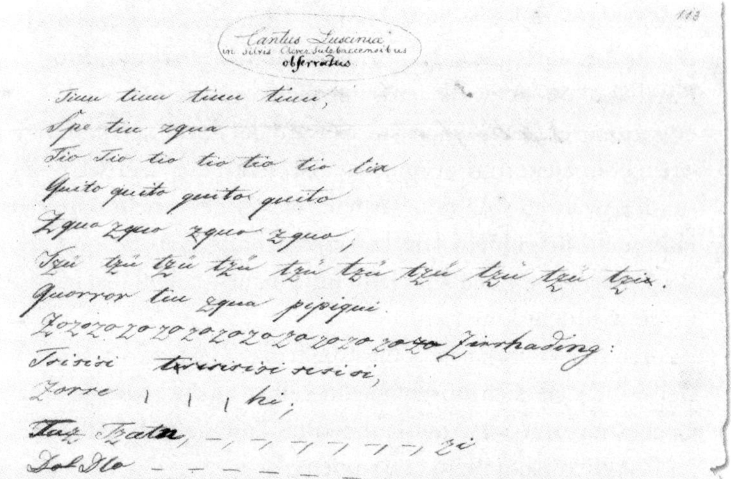
113

Cantus Lusciniae
in silvis Ober-Sulzbaccensibus
observatus

Tiuu tiuu tiuu tiuu,
Spe tiu zqua
Tio Tio tio tio tio tio tix
Quito quito quito quito
Zquo zquo zquo zquo,
Tzü tzü tzü tzü tzü tzü tzü tzü tzü tzi.
Quorror tiu zqua pipiqui.
Zozozozozozozozozozozozozozo Zirrhading:
Tsirisi tsirisisisi sisisi,
Zorre ⟨ ⟨ ⟨ hi;
~~Taz~~ Tzatn, – – – – – – – – – zi
Dolldlo – – – – – – – – – – –;
Quio ~~didl~~ tio rrrrrrrr itz
Lü lü lü lü ly – – – li li li li, *)
Quio didl li lylyli.
Ha gürr gürr quipio!
Qui – – – qi – – – gi – – –
Goll – – – – gia hadadoi.
Quigi horr ha diadiadillsi.
Hezeze – – – – – – – – – – – – – – – quarrhozehoi;
Quia Quia – – – – – – – – li
~~Qui~~ Qi qi qi io io io ioioioio qi –
Lü ly li lelä la lö lo didlo io quia
ki gaigai – – – – gai – – –
Quior zio zio pi
91.C.476

Cantus Lusciniae in Silvis CleverSulzbaccensibus observatus*

Eduard Mörike

Tiuu tiuu tiuu tiuu
Spe tiu zqua
Tio Tio tio tio tio tio tia
Quito quito quito quito
Zquo zquo zquo zquo
Tzgü tzü tgü tzgü tzgü tzgü tzgü tzgü tzgü tzix
Quorror tiu zqua pipiqui
Zozozozozozozozozozozozozo zirrhading
Trisisi trisisisi resissi
Zorre – – – hi
Tzatn –, –, –, –, –, –, zi
Dlo – – – – – – – – – –,
Quio to r r r r r r r r itz
Sü tü tü tü tü ty – – – ti ti ti ti,
Quico died li lylyli
Ha gürr gürr quipio
qui – – – gi – – – gi – – –
Goll – – – gia hadodoe
quigi korr ha deadeadilloi
Hezeze – – – – – – – – – – – – – – – quarrhozehoi
quia quia – – – – – – ti
gi gi gi io io io ioioioio gi –
Lü ly lilel ä la lö lo dudliö
hoguigai – – – – gai
quior zuo zuo pi

**Gesang der Nachtigall, beobachtet in den Wäldern von Cleversulzbach*

PG 4
660 075
Dahlien
Mischung
COSMOS
Sensation blanc
1,10 m
Lucien Clause
FACILE À RÉUSSIR
SEMIS J F M A M J J A S O N D
FLORAISON J F M A M J J A S O N D
POURPIER
(PORTUL
ANNUELLES

Die Geschichte von den Lügentütchen

Eva Demski

Eine ganze Wand im Gartenbedarfsgeschäft: Das Paradies, aufgeteilt in zigarettenschachtelgroße Einheiten. Samentütchen! Daß so winzige Abbildungen so mächtige Hoffnungen zu wecken in der Lage sind! Es fängt mit der Abteilung einjährige Blumen an. Löwenköpfige Astern, blütenbedrängte Kapuzinerkresse, diese Sonnenblumen wie Suppenschüsseln! Der Garten ersteht vor meinem inneren Auge ganz neu, als Hort des Überflusses. Ich habe es noch nie mit Strohblumen, Levkojen oder Cosmeen versucht – auf den Cosmeentütchen steht, aus den Samen erwüchsen praktisch überall und auf jedem Boden so riesige Blütenwälder, daß man sich ihrer kaum erwehren könne. Genau das richtige für mich, ich lasse mich gern überwältigen. Rosa und weiße Blumengesichter lächeln mich willenlose Käuferin an.

Mit dem, was du jetzt schon im Korb hast, könntest du eine mittlere Kleinstadt begrünen, sagt mein skeptischer und ekelhaft realistischer Freund.

Es kostet doch nichts, antworte ich, und für ein paar Cent hast du die Möglichkeit, den Garten Eden einfach um dich herum wachsen zu lassen.

Die zweijährigen Blumen, das weiß die Gartenfreundin, brauchen ein bißchen Geduld. Aber dann! Aus unscheinbaren Körnchen entwickeln sich im ersten Jahr attraktive Blattrosetten, die dann im zweiten Jahr Blume um Blume sprießen lassen. (Was im dritten Jahr geschieht, steht nicht auf der Rückseite des Tütchens). Oh Akeleien!

Goldlack, Marienglockenblume, ein ganzes niederländisches Barockblumenstück wird sich auf meinem Beet drängeln.

Also die auch noch. Und dabei haben wir noch nicht die Riesenradieschen, vielfarbigen Pflücksalate, obszön großen Zucchini, leuchtenden Rüben und meterlangen Stangenbohnen eingekauft, beziehungsweise ihre Vorstufen.

Es kostet dann leider doch ein bißchen was, die Versprechungen auf Papier sind nicht ganz umsonst, aber wenn man dann wieder bedenkt, daß aus so einem kleinen Ding »sechs Quadratmeter üppiger Flor in hundert Blautönen« werden wird, sind zwei Euro fünfzig fürs Päckchen »Blaublühende Prachtmischung« fast geschenkt.

Jetzt muß man nur noch dutzendweise Torftöpfchen, dazu Pikierbesteck, Anzuchterde, Bindebast, Stäbchen, ein Sandsieb, eine Sprühflasche und noch allerlei Kleinkram kaufen und es kann losgehen. (Sagen Sie jetzt nicht, alte Eierkartons und Joghurtbecher samt einem ausrangierten Suppenlöffel täten es auch – das ist unprofessionell!)

Schon früh im Jahr beginnt die Arbeit, und mit ihr auch die Vorfreude. Sämtliche Fensterbretter bedecken sich mit Töpfchen, in exzellenter Anzuchterde warten die Körnchen nur drauf, lebendig zu werden. Eigentlich sind die Fensterbretter der Platz für die Katzen, um das Geschehen auf der Straße zu kontrollieren. Sie lassen sich ihn auch nicht ohne weiteres streitig machen und fegen mit leichter Pfote ein Dutzend Töpfchen hinunter. In der herausgefallenen Erde läßt sich wunderbar wühlen.

Die potentiellen Blütenwälder sind dahin, wenigstens teilweise.

Es bleibt aber noch genügend übrig, worauf man sich freuen kann. Da ist es leicht, kleine Unbequemlichkeiten zu ertragen. Der Platz, auf dem sonst der Drucker steht, hat nun mal die meiste Sonne. Und die alten Gewürztöpfe müssen halt für kurze Zeit im Schrank verschwinden, damit die Bohne »Butterschwert« und diverse Schleierkrautsorten das Licht der Welt erblicken können.

Gelegentlich beschleicht mich das Gefühl, eine Wohnung, in der jeder freie Sonnenplatz von braunen Torftöpfen bedeckt ist, habe was Spießiges. Lädt man halt in der Keimzeit niemanden ein, oder nur Gleichgesinnte, die einen bleichen, zwirnsfadenförmigen und sehr ärmlichen Keim mit dem entzückten Schrei: Deine *Viola labradorica* kommen ja schon! begrüßen.

Ja, das tun sie. Und manches andere auch. Nichts ist mit der Begeisterung zu vergleichen, die sich beim Anblick grüner Pünktchen und sich daraus entfaltender zarter Doppelblättchen auf der dunklen Erde einstellt. Es ist eine geradezu kosmische Rührung, die einen da packt. Aus etwas, das wie schwarzer Gries aussieht, oder aus trockenen grauen Nüßchen, kümmelartigen Körnern, dreckfarbenen Käpselchen und unscheinbaren Krümeln wird triumphierend und bunt der Garten Eden entstehen. Unserer, unser ganz ureigener Garten Eden. Für fast kein Geld.

Dieses schönste aller Gefühle kann die Anzüchterin ungefähr eine Woche lang auskosten. (Und diese Woche ist alles wert, was danach kommt.)

Oder bilden wir uns das nur ein? Und zwar so heftig, daß der Traum jedes Jahr wieder zum Alptraum wird? Mit dem Licht fängt es an. Während in völlig lieblosen Massengärtnereien ohne weiteres fette, grün glänzende Pflänzchen entstehen, wanken auf unserem Fensterbrett bleiche Blättchen auf dünnen, langen Stielen schwächlich vor sich hin.

Da fehlt Licht! sagt eine der wenigen Vertrauten, die in dieser Anzuchtphase noch Zutritt zu unserer Wohnung haben.

Natürlich wissen wir das. Und wollen den schwachen Blumenembryos doch das Beste tun, also schaffen wir eine Pflanzenlampe an. Irgendwie scheinen die Keime das aber nicht zu merken, sie wachsen armselig und manche haben überhaupt keine Lust und bleiben einfach stehen. Es ist Sauwetter, die Katzen sorgen umsichtig für Ausdünnung des Bestandes, wir »entspitzen«, was für einen buschigen Wuchs sorgen soll und haben dabei das Gefühl, einem Säugling bei lebendigem Leib was abzuschneiden.

Es wird sanft mit lauwarmen Wasser gesprüht, umgestellt und immer wieder aufmunternd auf die Keimlinge eingeredet.

Nach ein paar Wochen und unaufhörlicher Sorge und Aufmerksamkeit haben wir eine einigermaßen ansehnliche Ansammlung an Pflänzchen, trotz aller Unbill. Es hatte sich noch eine bisher unbekannte Art von Milben und ein Pilz an unseren Hoffnungen vergangen, aber jetzt kann's rausgehen, ein wirklich großer Moment.

Natürlich machen wir nicht den Fehler der ersten Jahre, in denen wir die gehegten Winzlinge in einer Nacht allesamt umbrachten, weil wir ihnen die abrupte Freiheit zugemutet und sie nachts draußen gelassen hatten. Nein, man muß sie gewöhnen, sachte, und von Partys mit dem Schreckensschrei: Die Pflänzchen sind noch auf der Terrasse! wegrennen.

Eines Tages kann man sie dann ganz hinaussetzen in die gut vorbereitete, von Unkraut für sehr kurze Zeit befreite Erde. Indessen ist man als Anzüchter so erschöpft, als hätte man einen Haufen krankheitsanfällige und renitente Kinder zur Schulreife gebracht.

Längst sind die Bilder von den Tütchen aus unserem Gehirn verschwunden, nur manchmal, in unseren Träumen, geistern rasend rote runde Tomaten und Quadratmeter blauer Blumenpracht herum. Um im Kinder-Bild zu bleiben – es müssen gar keine Nobelpreisträger werden – nur irgendwie groß werden, sich nicht fressen lassen und ein bißchen blühen.

Vorher wartet allerdings Arbeit auf uns, die wir ein bißchen unterschätzt haben. Wie schon gesagt, das Unkraut muß weg, sonst erstickt es unsere Kleinen. Löchlein müssen gegraben, Erde fein zerkrümelt, Stöckchen gesteckt, Namensschildchen vorbereitet werden.

Abends tut das Kreuz weh. Jetzt hilft nur noch beten. Keine späten Fröste, Regen nur in homöopathischen Dosen, Sonne dito. Verdammte Tütchen.

Am nächsten Morgen haben sie sich gestreckt und wir könnten weinen vor Glück.

Und am dritten Morgen sind sie weg.

Nichts mehr da, kein einziges Blättchen.

Die Schnecken.

Ottilies Gartenlust

Christian Golusda

Dieses ist Ottilie
auf Pirsch nach Petersilie
und frischer Pimpinelle,

verblüffend flink und schnelle
sieht man sie zwischen Beeten
geschickten Fußes treten,

sie setzt die zarten Stampfer
geschwind zum Sauerampfer,
lenkt ihren raschen Schritt auch
zum Borretsch und zum Schnittlauch,
rafft Kerbel und Melisse
ins Körbchen und —

weg isse.

Der Anblick schon, der bloße,
macht Lust auf....
... Grüne Soße!

Fußnote zu Ottilies Gartenlust

Warum hat Ottilie es so eilig? Vielleicht weil sie weiß, daß ihre Kräutermischung gegen das Originalrezept der »Grie Soß« verstößt? Da gehört nämlich nicht Melisse rein, sondern Kresse (Aber Kresse reimt sich eher unschön). Die Soße ist Frankfurts kleiner Beitrag zur großen Küche und ein klassisches Gründonnerstag-Essen. Das erste Rezept wird Goethes Mutter zugeschrieben, aber wie man hört, sollen bereits die Kelten etwas Ähnliches zusammengerührt haben.

Die Gärtner von Frankfurt-Oberrad, auf deren Gemarkung die klassischen sieben Kräutlein wachsen, haben einen »Verein zum Schutz der Frankfurter Grünen Soße« gegründet und beim Europäischen Patentamt einen Antrag gestellt, um ihr regionales Produkt vor Raubkopierern schützen zu lassen. Ob damit die richtige Mischung verbrieft ist? Wenn es ihr schmeckt, kann Ottilie natürlich auch noch Minze, Schafgarbe, Gundermann, Löwenzahn, Spitzwegerich, Huflattichknospen, Minze oder eben Zitronenmelisse mit verrühren. Nach Frankfurter Lehre gehört jedoch auf keinen Fall Dill hinein. Und so geht die…

… Frankfurter Grüne Soße

Zu gleichen Teilen Joghurt, saure Sahne und
Crème fraîche miteinander verrühren;
die feingehackten Kräuter hinzufügen –
mindestens die berühmten sieben:
Borretsch, Kerbel, Petersilie, Pimpinelle, Sauerampfer,
Schnittlauch und Kresse.
Zwei kleingehackte hartgekochte Eier und
eine fein gewürfelte Gewürzgurke dazu.
Abschmecken mit: Salz, weißem Pfeffer, Senf, frischem
Knoblauch, ebenfalls durch die Knoblauchpresse
getriebener Zwiebel und etwas Zitronensaft.

Schmeckt gut mit Pellkartoffeln, gekochter Rinderbrust,
oder, wenn man die Eier weggelassen hat, zu halbierten
hartgekochten Eiern.

Nach dem Frühling

Arthur Miller

Ich habe nie ganz verstanden, warum wir einen Garten haben und warum ich vor fünfunddreißig Jahren, als ich mein erstes Haus auf dem Lande kaufte, ein Gemüsebeet anlegte, bevor ich irgend etwas anderes in Angriff nahm. Wenn man sich überlegt, wie leicht und vergleichsweise billig es ist, ein Bund Karotten oder Rüben zu kaufen, fragt man sich doch, warum man sie selber ziehen sollte. Und gerade bei Wurzelgemüse ist gekauftes von selbstgezogenem kaum zu unterscheiden. Dem Ganzen muß ein Atavismus zugrunde liegen, eine zermürbende Heuchelei, der keine Wirklichkeit entspricht. Außerdem bin ich kein großer Gemüseesser. Was Saftiges, Fettes ist mir viel lieber. Hot Dogs zum Beispiel.

Also Hot Dogs mit Senf und warmem Sauerkraut – wenn man die im Garten anbauen könnte! –, die wären mühelos zu rechtfertigen. Oder Pastramiranken.

Trotzdem kann ich nicht leugnen, daß ich mich, kaum ist der April da, draußen auf den Zaun lehne, das verdammte Rechteck mustere, meinen ganzen Grips zusammennehme und mir schwöre, es dieses Jahr nun aber wirklich nicht zu bepflanzen. Nicht mal finanziell lohnt es sich mehr, seit das Saatgut so teuer geworden ist, und wenn ich mir ausrechne, wieviel Geld ich schon in eine Fräse und andere Geräte gesteckt habe, in Dünger, Maschendraht und was noch alles, dann fasse ich mir an den Kopf. Von meiner Zeit und der meiner Frau wage ich gar nicht zu sprechen; da käme ich auf sechs- bis siebentausend Dollar pro Tomate – in guten Jahren.

Aber unweigerlich naht ein Morgen, an dem schon beim Aufwachen ein Duft durchs Fenster zieht, etwas Erdig-Luftiges, ein Geruch, der direkt aus dem Mittelpunkt unseres blauen Planeten aufzusteigen scheint. Auch die Sonne meint es plötzlich ernst, und ihre Strahlen auf dem Teppich bekommen ein anderes, tieferes Gelb. Die Vögel trällern plötzlich hysterisch und denken dasselbe wie ich – daß sich die köstlichen Würmer aus der tauenden Erde winden. Aber nicht nur das Vergnügen treibt mich hinaus und läßt mich die Parzelle anstarren, in Wirklichkeit hadere ich. Alljährlich stellt sich dieselbe Frage – welche Methode sollen wir anwenden? In den letzten Jahren haben wir neunzig Zentimeter breite schwarze Plastikplanen zwischen den Reihen ausgelegt, und das hat Wunder gewirkt; die Erde bleibt unkrautfrei und feucht, auch wenn es lange nicht regnet, und wenn wir ein paar Tage wegfahren, ist das Wiederfinden des Gartens hinterher nicht so schwer wie früher, als wir den Boden noch grubberten.

Aber da geht's schon los – schwarzes Plastik sieht so künstlich aus, so unromantisch, und wahrscheinlich bekommt man vom Ausbreiten Fingerspitzenkrebs. Manche Leute finden es natürlich auch unfair, schwarzes Plastik zu nehmen, weil es so effizient ist. Wie damals beim Widerstand gegen die Einführung großer Tennisschläger. Was das Leben erleichtert, muß schlecht sein. Dennoch bin ich nach und nach zu Heumulch übergegangen, vor allem weil wir viel heuen und weil er beim

Verrotten die Erdkrume verbessert, hübsch aussieht und nichts kostet. Er muß aber sehr dick aufgetragen werden, sonst hat man eine Heuwiese angelegt, was uns vor langer Zeit mal passiert ist. Mindestens fünfzehn Zentimeter dick, außer Sie kaufen Mulch aus Salzgras, aber der ist so teuer, da können Sie auch gleich Salat im Restaurant essen.

Gartenarbeit verdeutlicht einem, wie empfindlich und freigebig die Oberfläche unseres kleinen Planeten ist und wie leicht zu ruinieren. Allein auf unserem 16 mal 23 Meter großen Fleckchen muß es ein Dutzend verschiedene Bodenarten geben. Petersilie wächst in der einen Ecke nicht, liebt aber die andere, und dasselbe gilt für die anderen Gemüsesorten. Würde man den Boden mit Kunstdünger überhäufen, dann würden diese Unterschiede das Wachstum wahrscheinlich nicht mehr beeinflussen, aber ich setze Dünger nur sparsam ein und nur in den Saatreihen, statt ihn großflächig auf dem ganzen Grundstück zu verteilen. Warum ich das mache, weiß ich nicht genau, außer weil es Dünger sparen hilft und ich keine Lust habe, zwischen den Reihen Unkraut zu zupfen.

Ich spritze prinzipiell nicht, weil Insekten und Pilze noch nie mehr als einen winzigen Bruchteil der Pflanzen im Garten geschädigt haben. Daß er verschont bleibt, kann ich mir nur damit erklären, daß er inmitten einer früher gemähten Wiese liegt, die heute mit dichtem Gras bewachsen ist, und Insekten da draußen vielleicht genug Nahrung finden.

Ich nehme an, die Reize der Gartenarbeit sind zumindest für viele Gärtner neurotischer und moralischer Natur.

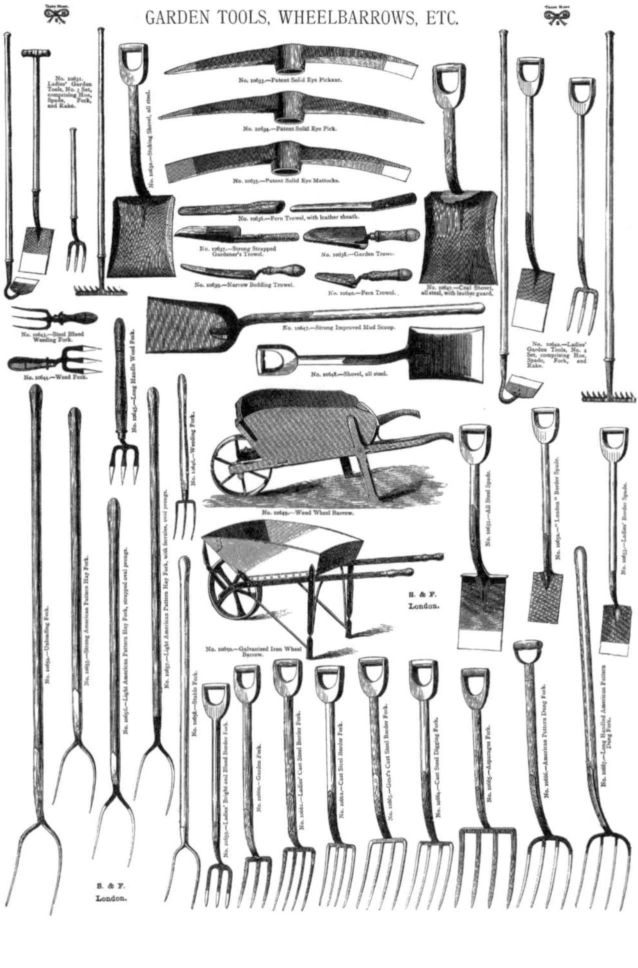
GARDEN TOOLS, WHEELBARROWS, ETC.
Patent Solid Eye Pickaxe.
Patent Solid Eye Pick.
Patent Solid Eye Mattocks.
Stoking Shovel, all steel.
Fern Trowel, with leather sheath.
Strong Strapped Gardener's Trowel.
Garden Trowel.
Narrow Bedding Trowel.
Fern Trowel.
Coal Shovel, all steel, with leather guard.
Steel Blued Weeding Fork.
Weed Fork.
Strong Improved Mud Scoop.
Shovel, all steel.
Long Handle Weed Fork.
Weeding Fork.
Wood Wheel Barrow.
Galvanized Iron Wheel Barrow.
S. & F.
London.
All Steel Spade.
"London" Border Spade.
Ladies' Border Spade.
Unloading Fork.
Strong American Pattern Hay Fork.
Light American Pattern Hay Fork, strapped oval prongs.
Light American Pattern Hay Fork, with ferrules, oval prongs.
Stable Fork.
Ladies' Bright and Blued Border Fork.
Garden Fork.
Ladies' Cast Steel Border Fork.
Cast Steel Border Fork.
Gent's Cast Steel Border Fork.
Cast Steel Digging Fork.
Asparagus Fork.
American Pattern Dung Fork.
Long Handled American Pattern Dung Fork.
S. & F.
London.

Immer wenn das Leben sinnlos und unübersichtlich zu werden droht, kann man in den Garten gehen und *etwas getan kriegen*. Auch väterliche bzw. mütterliche Instinkte kommen zum Tragen, weil hilflose lebende Wesen auf einen angewiesen sind, Förderung, Disziplin, Ermutigung und Schutz vor Feinden und schlechten Einflüssen brauchen. In manchen Fällen, etwa bei Kürbissen und einigen Gurkensorten, wendet sich sozusagen der Nachwuchs in großer Zahl gegen einen, hat sich allmorgendlich weiter vermehrt und droht, einem ins Haus zu folgen und einen mit seinen Ranken zu erwürgen. Zucchini verstecken ihre Früchte unter breiten Blättern, bis sie zu phallischen grünen Monsterknüppeln herangewachsen sind, die Männer verspotten und Frauen verderben.

Gartenarbeit ist auch eine moralische Beschäftigung, weil man jedes Jahr im Frühling beschließt, den Garten dieses Jahr ordentlich aussehen zu lassen, so wie die Abbildungen in den Katalogen und Prospekten, aber im Juli sieht man sich schon wieder dem Chaos unpikierter Karotten-, Kohl- und Rübenbeete gegenüber. An diesem Punkt wird meine Frau zur – inzwischen unangefochtenen – Herrscherin des Gartens. Da sie Unmengen von Gemüse vertilgt, kümmert sie sich um das Pikieren und dünnt die winzigen Pflänzchen von Hand aus. Sie hockt sich hin, rutscht geduldig durch die Reihen und entscheidet, welchen Pflanzen das Gedeihen und welchen der Komposthaufen bestimmt ist. Nach Abschluß des Grabens und Pflanzens absentiere ich mich von dieser Plackerei, auch weil die Pflanzen ihr grasiges Aussehen verloren haben und Salatköpfen zu ähneln beginnen. (Obwohl ich Kopfsalat an manchen Tagen aus unerfindlichen Gründen mag.)

Um diese Zeit herum stattet die fünfundachtzigjährige Mutter meiner Frau, eine Botanikerin, dem Garten ihren ersten Besuch ab. Skeptisch sieht sie sich um. Am liebsten bindet sie die Tomatenpflanzen an. Sie ist eine Frau, die kein Blatt vor den Mund nimmt, oder nur, weil sie aus Erfahrung klug geworden ist. Inzwischen sagt sie nicht mehr »Ihr habt die Tomaten in den feuchten Teil des Gartens gepflanzt«, sondern wartet bis zum Oktober, wenn sie ihre alljährliche Reise in die europäische Heimat antritt. Dann gibt sie mir einen Abschiedskuß, sagt leichthin: »Tomaten werden in feuchter Erde eher von Pilz befallen«, dreht sich um und watschelt zum Flugzeug. Aber im Oktober ist mir der ganze Garten längst egal, so sicher bin ich dann, nie wieder einen Finger für ihn krumm zu machen.

Die Psychologie des Gärtners ist ziemlich kompliziert. Meiner Erfahrung nach geben sich gebildete Städter, die aufs Land gezogen sind, viel mehr Mühe mit Gärten als Menschen, die auf dem Land zur Welt gekommen sind. Diese haben ihre helle Freude daran, aus dem Gröbsten raus zu sein und *nicht mehr* so hart arbeiten zu müssen, um Kopfsalat zu essen. Vielleicht haben Städter das Gefühl, sie müßten ihre Sünden abarbeiten, oder sie sind überzeugt, vergiftet zu werden, wenn sie das Gemüse spritzen. Leute vom Lande, die generell konservativer und geschäftsorientierter sind, spritzen alles, was stillhält. Vielleicht wollen sie damit ihren Glauben an die Chemiekonzerne demonstrieren.

Vermutlich gärtnere ich, weil ich muß. Es wäre unerträglich, mehrmals täglich einen unbestellten eingezäunten Garten durchqueren zu müssen. Aber wenn seine Kultivierung auch finanziell kaum Sinn und geschmacklich nur zweifelhafte Vorteile hat, so gibt es doch gewisse Entschädigungen, und deretwegen finde ich mich anscheinend alle Jahre wieder geneigt, die ganze Arbeit auf mich zu nehmen. Kaum ein Bild ist in seiner Schönheit so erquikkend wie ein in der Sonne funkelnder Gemüsegarten, der morgens um sieben unter dem Tau und in einem Dutzend verschiedener Grünschattierungen erglänzt. Weit lieblicher, ehrlich gesagt, als Reihen von Hot Dogs. Irgendwo im Hinterkopf könnte sich sogar der Hang verstecken, diese Vision in die persönliche Gewißheit zu verwandeln, all dies gesunde Wachstum, diese Ordnung, dieses quellende Leben müsse auf irgendeiner Ebene vergleichbare Bewegungen im eigenen Geist widerspiegeln. Müßte ich keinen Garten bestellen und bepflanzen, ich wüßte gar nicht, wozu der April gut sein soll.

Der April ist allerdings auch gut dazu, sich wieder mal über dieses sinnlose und zeitraubende Hobby zu ärgern. Ich verstehe Menschen nicht, die behaupten, sie »liebten« die Arbeit im Garten. Ein Garten ist die Erweiterung des Selbsts, also muß er eine Arena sein, in der der Kampf nicht etwa ein Ende findet, sondern mit anderen Mitteln fortgesetzt wird. Sie müssen beispielsweise darauf gefaßt sein, sich irgendwann eingestehen zu müssen, daß Sie den Kopfsalat zu tief gesetzt oder nicht genug gegossen haben. Sie müssen die Hoffnung aufgeben, er werde morgen seine Spitzen zeigen, und die Reihe wieder ausgraben. Aber es hat etwas Wohltuendes, sich nicht gerade mit Ruhm bekleckert zu haben. Und das ist der springende Punkt aller Gartenarbeit – sie bildet den Charakter. Weshalb Adam Gärtner war. (Was er davon gehabt hat, wissen wir ja.)

Aber kann man sich vielleicht vorstellen, unser aller Vater wäre Maurer, Weber, Schuster oder etwas anderes als Gärtner gewesen? Natürlich nicht. Nur der Gärtner ist imstande, immer wieder so große Hoffnung aufzubringen, dieses Jahr werde er allen Dürren, Sintfluten, Taifunen und eigenen Idiotien zum Trotz alles richtig machen! Überlassen Sie es ruhig Gottvater, seiner einzigen Schöpfung, die zu so anhaltendem und unbelehrbarem Selbstbetrug imstande ist, den richtigen Beruf ausgesucht zu haben.

Der Ehrlichkeit halber sollte ich hinzufügen, daß das Obige an einem der kältesten Tage im Dezember geschrieben wurde.

Sommer

Gärten auf Capri – Versuche, zu bestehen oder in Schönheit unterzugehen

Martin Mosebach

In der frühen Kaiserzeit war Capri ein einziger Garten. Augustus bekam die Insel vom griechischen Neapel geschenkt; er und sein Nachfolger Tiberius errichteten auf dem zerrissenen, von Felsabstürzen umgebenen Terrain zwölf Paläste, die berühmten Planetenvillen, die von einer geformten Landschaft umgeben waren, wenn wir die Gemälde von Säulenvillen an den Wänden von Pompeji und Herkulaneum richtig deuten. Es muß damals schon so etwas wie den später »englisch« genannten Park gegeben haben, eine Durchflechtung von Architektur und Natur, in der Landschaft verstreute kleine Heiligtümer und Pavillons, Pergolen und Peristyle, die die Villa ins Offene hinein fortsetzten, lichte Baumgruppen und den geplanten Blickfang aufs Pittoreske und Erhabene: Schluchten, unvermittelte Fernblicke auf den Vesuv oder die gleichfalls vulkanförmige Insel Ischia, das in Buchten unregelmäßig eingepaßte Meer. Dann versanken die Kaiservillen, in der späteren Antike hört man nichts mehr von Capri.

Nur Autokraten hatten hier eine solch verschwenderische Gartenpracht schaffen können, denn die Insel war ohne Wasser. Bis in unsere fünfziger Jahre hinein kam das Wasser der Capresen aus der Zisterne. Dorthin floss es über die flachen Kuppeln, die das Dach jedes traditionellen Hauses auf Capri bilden. Fünfmal wurde jeder Tropfen Wasser genutzt: zum Gemüsewaschen, dann zum Hände- und Gesichtwaschen, zum Spülen, zum Füßewaschen und schließlich zum Gießen der Blumentöpfe. Trotzdem wuchs es heftig überall, wo die tropische Luftfeuchtigkeit, die schon manche capresische Büchersammlung braunfleckig und gewellt hat werden lassen, und die auch im Sommer gelegentlich herniederrauschenden Regenmassen den Pflanzen Nahrung gaben. Capri-Gartenerde ist in trockenem Zustand wie Schokoladenstaub, ein unter den Schritten Wölkchen erzeugender Puder von offenbar nicht enden wollender Fruchtbarkeit. Es scheint, als könnten diese Böden unbekümmert stets aufs Neue ausgebeutet werden, ohne viel Dünger oder Ruhejahre.

Groß ist keiner der capresischen Bauerngärten, aber ihr beschränkter Raum nimmt ihnen nichts von ihrem Reichtum, er bringt ihn sogar erst hervor. Auf Capri, der überfüllten übervölkerten Ferieninsel, soll es noch Bauerngärten geben? Womöglich auch noch Bauern? Nicht nur Kellner, Geldwechsler und Taxifahrer? Das Geheimnis besteht darin, daß die Kellner, Geldwechsler und Taxifahrer zugleich alle noch Bauern sind oder einen Onkel haben, der die krummen Knochen noch jeden Tag auf den Erdboden seines Gartens stellt, sich mühsam bückt und mit der harten braunen Hand die bröselige Erde berührt, in Salatblätter kneift und die Kupfersulfatmischung zum Spritzen der Weintrauben in die Behälter füllt, um die Beeren und die gezackten Blätter mit hellblauer Milch zu sprenkeln. Von der Landwirtschaft leben werden heute nur noch wenige Capresen, und das Gemüse und der Wein in den Restaurants kommt inzwischen vom Großmarkt in Neapel, aber auf den höchsten

Luxus, das ganz unter eigener Aufsicht gewachsene Gemüse zu essen und den eignen Wein zu trinken – »Nichts Gekauftes auf dem Tisch zu haben!« – wollen nur wenige von ihnen verzichten.

Die capresischen Bauerngärten sind das Gegenteil der Landschaftsparks, wie sie die Kaiser hier anlegen ließen. Ausblicke spielen in ihnen überhaupt keine Rolle. Man tritt in ihnen am hellichten Tag ins Dunkle. Die Limonaie, die Zitronenhaine, bestehen aus eng aneinander gepflanzten Stämmen, die aus sorgfältig geharktem Boden herauswachsen. Ihr schwarzledriges Laub bildet ein dichtes durchgehendes Dach. Ringsum ist der Hain mit hohen Schilfmatten abgeschlossen, um die schweren Früchte vor jedem Windstoß zu schützen. Im Dämmer leuchten sie hart gelb, überraschend und kostbar; es ist dem Besucher, als habe er einen jener unterirdischen Gärten der morgenländischen Märchen entdeckt, in denen die ungeschliffenen Edelsteine auf den Bäumen wachsen. In einer solchen Limonaia kann man sich vorstellen, wie der architektonische Einfall einer Alhambra entstanden ist, eines steingewordenen Limonenhaines.

Schöner noch als solche geordneten Plantagen sind die Gärten, die von allen Pflanzen, die man braucht, ein bißchen haben. Auch sie liegen im Schatten. Die windschiefe Weinpergola, von der die dicken Trauben herabhängen, breitet sich weithin um das Haus aus; wo sie Platz läßt, füllen Mandarinen- und Pfirsichbäume die Lücke. Sie stehen in Vertiefungen, die nach dem Gießen kleinen Teichen gleichen. Dazwischen ist jeder kleinste Raum genützt. Die Weinpergola schafft keine Limonendämmerung, sondern ein sonnenfleckengesprenkeltes Hell-Dunkel. Zwischen den Bäumen hängen feine schwarze Nylonnetze, um die Vögel abzuhalten; sie wirken wie jene Schleier auf der Theaterbühne, die vollkommen durchsichtig sind, die hinter ihnen liegenden Bilder aber eigentümlich unwirklich erscheinen lassen. Daß unter dem Wein und den Obstbäumen die Tomaten und alle Arten von Kräutern wachsen, Basilikumstauden vor allem, die ihren würzigen Geruch verströmen, groß- und kleinblättrige Petersilie und das Schlangengewürm der Zucchini, überrascht weniger als das ebenso reichliche Blühen des Nutzlosen, das ohne besondere Achtung zwischen den Gemüsen sich entfaltet. Hier breiten sich Hortensien aus mit müden, ausgewachsenen Blütenbällen, dann stehen gesprungene Blumentöpfe mit Fuchsien und Hibiskus zwischen den Leitern und ausgelaugten Holzstangen: werden sie vom Gärtner je betrachtet, oder schweift sein Blick stets an ihnen vorbei zu den still vor sich hin schwellenden Kürbissen auf dem Boden? Welche dekorativen Prinzipien herrschen in diesem Licht-und-Schatten-Reich?

Die großen koloristischen Maler gehen sparsam und kalkuliert mit dem Rot um. Sie wissen, wie stark auch ein kleines rotes Fleckchen aus einer Ton-in-Ton-Umgebung noch herauszuleuchten vermag. So sind die Blumen hier dem manchmal kaum sichtbar geordneten Urwald beigegeben. Palmen, ledrige Riesenblätter, ein Holzstoß mit verfaulenden Scheiten, Stilleben aus zerfetzten Körben, rosa Plastikeimern und rostigen Wassertonnen säumen den Rand des feucht triefenden Geländes. Alles schiebt sich ineinander. Der Zöllner Rousseau hätte Adams Garten so malen können – als den Versuch, im heillosen Chaos eine Ahnung von der Fülle des Paradieses nachzuahmen.

In Capri klebt auf jedem Fleck ein kleines Haus, die Landschaft ist vollständig humanisiert, ja urbanisiert. Schöne Mauern teilen die Gärten voneinander ab, die Wege führen oft genug durch Mauernschluchten. Nur sehr wenige Gärten verdienen in Capri den Namen eines Parks, es gibt keinen Platz für solche Anlagen. In der Nacht ist die ganze Insel mit Lichtpünktchen besetzt. Dann ragt nur ein großer Kegelberg ganz schwarz aus dem kleinteiligen Häusergewirr hervor. Das ist der Monte San Michele, nicht zu verwechseln mit der gleichfalls San Michele genannten Höhe, auf die der schwedische Arzt und Schriftsteller Axel Munthe sein berühmtes Haus gesetzt hat.

Orte, die in Italien oder Frankreich dem Erzengel Michael geweiht sind, haben meist eine bedeutende heidnische Vergangenheit. Weil der Erzengel beim Jüngsten Gericht die Seelen wiegt, also mit dem Übergang zwischen den Welten befaßt ist, hat man eine Verwandtschaft zu Merkur oder Hermes bei ihm entdeckt, denn auch Hermes geleitete – neben vielen anderen Pflichten – die Seelen in die Unterwelt. Also mag auf dem abgeplatteten Gipfel des Monte San Michele wirklich einmal ein Merkurtempel gestanden haben. Die Archäologen haben auch Reste einer frühchristlichen kleinen Kirche entdeckt, alles das aber ist gründlich ruiniert. Übrig sind nur ein paar nichtssagende Mauerreste, von Macchia überwachsen. Auch militärischen Zwecken hat der Berg einmal gedient. Damals wurden die breiten Rampen um ihn herum gelegt, auf denen man eine Kanone hinaufschieben konnte, die den Hafen von Marina Grande bewachen sollte. Diese Rampen sind das wichtigste architektonische Element des Berges geworden, sie machen aus einer unzugänglichen Wildnis einen Park.

Das Landhaus am Fuß des Monte San Michele hat eine bequeme Größe, aber keineswegs aufwendigen Charakter, ein zweistöckiger südlicher Kasten ohne palasthafte Dekoration. Eine englische Herzogin hat das Haus gebaut, als die Fremden aus dem Norden nach Capri zu strömen begannen. Heute verbringt hier ein römischer Fürst den Sommer; wie an vielen Orten der Insel haben sich die Italiener auch hier den Ausländerbesitz längst zurückgeholt. Vor der Villa stehen Blumentöpfe, es gibt auch ein Blumenrondell, eine schüchterne buntfarbige Vegetation am Rande des Parkes, ein wenig Schmetterlingsharmlosigkeit, bevor die große dunkle Ernsthaftigkeit beginnt. Denn der Park von San Michele hat keine Blumen, man könnte sagen – aus Prinzip nicht. Hier siegt der römische Geschmack – eine Gartenkunst der großen, der majestätischen Dimension. Man könnte diesen Stil den Gusto Farnese nennen: etwas Riesengroßes auf etwas Riesengroßes stellen.

Der Park des Monte San Michele ist ein Echo auf jene römischen Gartensituationen, die auf hohen Mauern angesiedelt sind. Da ragen mächtige schwarze Pinien über haushohen Backsteinsubstruktionen in den Himmel. Und genauso sind die breiten Rampen in diesem capresischen Park zum Abhang hin mit massivem Kalksteinmauerwerk abgestützt. Eine weite Esplanade, die mit einem weichen, stets etwas rutschigen Teppich von Piniennadeln bedeckt ist, tut sich darüber auf; sie steigt so sanft an, daß man beim Promenieren kaum etwas davon merkt. Menschen sind unter den weit über die Mauern hinweg ragenden Pinienschirmen klein. Die Aussicht geht immer ins Ungemessene. Da liegt der Vesuv mit seiner für das Auge unbestimmbar immer enger dem Meer entgegengleitenden Linie, die das Meer dennoch nie erreicht. Dann geht der Ausblick wieder auf das Innere der Insel. Die Capri-Häuser mit ihren runden Kuppeldächern stehen wie weiße Tierrücken im Grün verteilt, die Herde eines Zyklopen. In diesem Park könnte das kolossale Haupt der Juno Ludovisi wohnen, dessen Gipsabguß Goethe aus Rom nach Weimar mitgebracht hat, um es dort in einem sehr niedrigen Zimmer aufzustellen. Puttengruppen wären hier wie Gartenzwerge. Aber die graue Tempelfassade aus dem späten neunzehnten Jahrhundert, die schon so zerbröckelt und hinfällig ist, als sei sie viel älter, fügt sich gelassen in das stumme Pathos dieses Parks. Ein von Menschen in vielen Generationen geschaffener Ort, der die Anwesenheit von Menschen nicht braucht, um dem einsamen Spaziergänger eine Vorstellung der Menschheit zu vermitteln.

Wann wurde Capri die Chiffre für eine bestimmte Art von Träumen, für ein Bild zwischen Watteaus »Einschiffung nach Kythera« und Böcklins »Toteninsel«? Noch für Goethe war der unzugängliche Felsen im Meer nur ein gefahrvolles Riff, an dem die Schiffe scheiterten, während eine verkommene, barbarische Inselbevölkerung Hoffnungen auf die Plünderung des Wracks nährte. Für den neapolitanischen Adel existierte Capri nicht; keine herrschaftliche Villeggiatura war auf dem Felsen ohne Quellen und ohne Hafen vorstellbar. Entdeckt wurde Capri von den Künstlern des Nordens, die hier billig leben konnten und zugleich die Verwirklichung des romantischen Landschaftsideals vorfanden. Es war in Capri wie in vielen ähnlichen Orten: weil russische, deutsche, englische, schwedische Künstler nach Capri gingen, hielt man Capri für künstlerisch, und mancher glaubte, er werde Künstler, wenn er nur in Capri wohnte. Darunter waren auch Leute mit Geld; bevor sie sich an die Abfassung der geplanten Sonettenkränze machten, bauten sie zunächst einmal die angemessene künstlerische Umgebung, die Künstlervilla.

Eine der berühmtesten dieser Anlagen ist Haus und Park der Villa Lysis, unterhalb der Tiberius-Ruinen auf einer schroffen Felsnase zweihundert Meter über dem Meer gelegen. Jacques von Adelswärd-Fersen, aus einer belgischen Industriellenfamilie, war virtueller Poet – obwohl es tatsächlich Gedichtbändchen gibt, die seinen Namen tragen –, der für sein abgeschiedenes Künstlerleben mit einem Zeitungsjungen diesen Ort schuf. Es ist sein eigentliches Werk, wenn man von den Photographien, die seinen Freund als Ganymed, Alcibiades und St. Sebastian zeigen, einmal absieht. Die Schlucht, an deren Rand der Park liegt, ist von epischer Schönheit; der Fels ist mit einem Steineichenwald bewachsen, als habe ein Gigant eine schwarz-grüne Toga umgeworfen. Was Adelswärd-

Fersen, der sich in Capri »Conte di Fersen« nannte, dieser Erhabenheit hinzufügte, war ein wenig Stuck, schlampiges Mauerwerk, das mit klassizistischen Kapitellen aus dem Katalog für Hotelausstattungen beklebt wurde. Das Barrès-Zitat »Amori et dolori sacrum« ließ er über einen Wintergarten mit Kurhauscharakter setzen.

Die Villa Lysis ist ein gestuftes Gebilde, mit Dachterrassen in verschiedenen Höhen, und auch der Garten entfaltet sich in Terrassen, die ein Netz großer Zisternen verbergen. Auf stuckierten Sockeln ließ Fersen hier eine Menge von Statuen aufstellen – billige Gußarbeiten mit falscher Bronzepatina: Donatellos, Michelangelos und auch zeitgenössische Neuschöpfungen von Gottheiten, die Knaben mit selig zurückgesunkenem Lockenhaupt zu Leibe rückten. Zu Fersens Zeiten umgab diese Plastiken eine weiß ausgebrannte Karstlandschaft.

Es erstaunt immer aufs Neue, mit wie wenig Schönheit sich professionelle Schönheitsfreunde zufrieden geben. Aber in der Wahl der Lage seines Hauses hatte sich Fersen von niemandem übertreffen lassen, und vom Wasser aus kathedralenhoch und von Pinienschirmen halb verborgen sah und sieht die Villa Lysis wie ein Eckchen Tiberiuspalast aus. Die schönste Zeit der Villa waren die Jahre ihrer Verkommenheit. Ein späterer, sehr reicher Eigentümer ließ das Haus einstürzen. Eine Kustodin hauste in der Ruine und züchtete in rostigen Blecheimern Hortensienbüsche zu einer schier maßlosen Blütenfülle, indem sie sie im Schatten der inzwischen groß gewordenen Pinien hielt und mit Wasser aus den gleichfalls einstürzenden Zisternen überschwemmte. Um das zerfallende Haus wucherte und schäumte es rosa und hellblau.

Die bäuerlichen Familien des Monte Tiberio feierten in dem Ruinengarten ihre Feste, stellten in die leeren Fensterhöhlen bunte Lichter und ließen das Goldmosaik von »Amori et dolori sacrum« im Fackelschein glitzern. Auch bei Fersens verschwenderischsten Festen können die Villa und der Garten nicht von solch opernhafter Schönheit gewesen sein. Jetzt war sie wirklich ein Bühnenbild und ebenso fragil wie eine solche Dekoration; ganz deutlich ließ das Feuer den Riß im Gemäuer dramatisch tief werden. Bald würde die Villa ins Meer fallen. In Capri ist freilich zu viel Geld für solchen Niedergang. Villa und Park sind inzwischen perfekt restauriert und wiederaufgebaut, der Hortensienurwald ist dahin, die Katzen und Ratten ebenfalls, und das Anwesen hat weitere hundert Jahre vor sich, um sich auf einen neuen Versuch, in Schönheit unterzugehen, vorzubereiten.

Ein anderer capresischer Garten ist allerdings endgültig vernichtet, auch hier war kein Geldmangel im Spiel, sondern es waren Juristen, die gelernt hatten, mit Texten umzugehen, mit einem Testament in diesem Fall. Palazzo a mare heißt die Anhöhe über Marina Grande, wo heute die Schiffe ankommen; der Name bewahrt die Erinnerung an eine Augustusvilla, die an der Stelle einer kleinen griechischen Stadt errichtet wurde. Palazzo a mare ist ein hochgeschütztes archäologisches Gebiet, was immer das in Süditalien besagen will. Hier schuf eine Amerikanerin, Mona Harrisson Williams, ein einzigartiges Gartengebilde. Eine Fülle von Gebäuden, die Villa, Gästehäuser, Pavillons, eine Sala terrena über den Klippen, rosafarbene Kuben mit weiß profilierten Bogenfenstern verteilten sich über das Gelände, auch ein schönes Lapidarium für all die Funde, die die zwölf Gärtner beim Umgraben aus der Erde wie kostbare Früchte in diesem Garten gleichsam ernteten. In einer späteren Ehe mit einem Grafen Bismarck verheiratet, ließ die nunmehr als Contessa in Europa erst richtig Angekommene dem alsbald Verstorbenen eine palladianische Grabkapelle errichten; im »Fortino«, so hieß die Villa, gab es mehr bismarcksche Fürstenhüte und Monogramme als vermutlich in Friedrichsruh.

Der große Platz vor dem Haupthaus war das letzte Stückchen Amerika, das sich die Gräfin gestattete: eine Rasenfläche, wie sie in Capri eigentlich gar nicht möglich ist und auch nicht möglich sein sollte, ein Geschmacksfehler, der seinen Charme nur aus der Tatsache bezog, daß seine Pflege so furchtbar teuer war. Die Gräfin Bismarck habe die Blumen geliebt, sagt jeder, der sie kannte, eine Aussage so banal wie dieser Rasen. Sie liebte die Blumen auch gar nicht. Sie war ihnen wie eine Süchtige verfallen. Das begriff der Besucher, der in die Räume des Fortino-Gartens vordrang. Diese Räume waren von hohen Mauern umschlossene Bezirke. Hier wurden die Blumen wie von einer Fee verzauberte Lebewesen in unzugänglicher Klausur gefangen gehalten.

Die römischen Häuser in Pompeji und Herculaneum hatten von Säulengängen umschlossene Gärten. Die Klöster zogen ihr Spalierobst und ihre Arzneikräuter in ummauerten Bezirken. In den Kartäuserklöstern hatte jeder Mönch ein eigenes hochummauertes Einsiedlergärtlein, das niemand außer ihm betrat. In Capri liegt in einer Mulde hoch über dem Meer ein solches Kartäuserkloster, nach seiner Aufhebung durch König Murat nur noch eine in der Sonne farblos gebrannte Carcasse, aber die Einsiedeleien mit den Gärten sind noch zu erkennen. Die Gräfin Bismarck nahm von allen diesen Vorbildern ein bißchen: vom *Hortus conclusus* der Römer, vom Kreuzgang der Nonnen und Mönche, von den Gartenphantasien der Präraffaeliten, die vielleicht nur in Gedichten und auf Gemälden blühten, und auch vom capresischen Bauerngarten. Und aus diesen Gärten baute sie ein Gartenlabyrinth, einen Gartenpalast mit einer kaum zu zählenden Folge solcher umschlossener Salons, Klausen, Höfe, Atrien.

Das Dach zu dieser Architektur war stets die Pergola, um die Wein, Glyzinien und alles, was rankt, emporwuchs und Schatten für die Blütenkelche spendete, denn in der manchmal gnadenlosen Sonne Capris hätte auch die Gärtnerschar das Versengen der Pflanzen sonst nicht verhindern können. Tore und Treppen führten von einem zu dem nächsten Bezirk. Die Treppen waren den Trompe d'Oeil-Treppen des Vasari aus der Sala dei cento giorni in der römischen Cancelleria nachgebaut – die ersten drei Stufen in konkavem Halbkreis geschwungen, dann ein kreisrundes Plateau, und dann drei konvexe, halbkreisförmige Stufen. Für das Auge bildeten diese Treppen ein kleines Hindernis. Man konnte sie nicht gedankenlos herunterspringen, man mußte innehalten.

Der erste Blick auf einen neuen Garten kam aus der Höhe. Dann tauchte man hinab in ein Becken voller

Blüten und Düfte. Es war, als sollten die konzentrierten Essenzen dem Besucher den Verstand rauben; etwas pudrig, schwer parfumhaft war die Wolke, die über den Gärten lagerte, unterlegt. Aber die Gärtnerin war nicht verwirrt, sondern kannte jede Pflanze und schnitt die Blüten ab, wenn sie am schönsten waren. Neben jedem ihrer Salons lag ein Badezimmer und in jedem Salon standen die täglich erneuerten immensen Buketts, und so atmete das Fortino den Geist einer sich unaufhörlich erneuernden Reinheit und Jugend. Mona Bismarck wollte, daß ihr Kunstwerk ewig erhalten bleibe; das war vielleicht ihre Art auszudrücken, daß sie selbst gern ewig leben wolle, denn daß der Garten ihre Gegenwart brauchte, ahnte sie gewiß. Ihre Erben haben das Testament genauso wie den Garten in kleine Teile zerrissen, und heute, schon wenige Jahre nach dem Tod der großen Gärtnerin, kann man sich kaum mehr vorstellen, was im Palazzo a mare eben noch in vollem Glanz erhalten war.

Wo bleibt, mag man ungeduldig fragen, bei alldem Schwärmen von Capris versunkener, auf jeden Fall aber unzugänglicher Gartenpracht der Capri-Garten, wie ihn jeder kennt? Die kalkweiße Pfeilerreihe, das Himmelblau, das Türkis eines auch lange nach seinem jämmerlichen Niedergang noch blühenden Keramikkunsthandwerks, das jeden freien Raum mit wild bemalten Kacheln bedeckt? Wo bleiben die geradezu phosphoreszierenden bischofsvioletten Blütenmassen oder Bougainvilleen, bei deren uneuropäischer Farbenfreudigkeit man sich wünscht, Monsieur de Bougainvilles Schiff mit den vielen Blumentöpfen hätte in der Biskaya elend Schiffbruch erlitten? Denn das Capri-Klischee ist so lautere Wahrheit wie ein Klischee es nur sein kann. Und wenn es auch das Ziel solcher Gärten zu sein scheint, den Capri-Postkarten möglichst nahe zu kommen, ja, sie zu übertreffen, so sind es doch nicht die kulturzerstörenden Fremden, die solche Gärten anlegen. In ihrer knalligen Faschingsbuntheit lebt ein überaus italienisches Ideal fort: die »Villa«, das prächtig geschmückte Landhaus des Städters seit den Tagen des alten Rom. Für den urbanen Menschen ist das Bäuerliche das Rüde, das Plumpe, das Barbarische, und im Bewußtsein der italienischen Bourgeoisie ist es das immer noch, vielleicht, weil die Vernichtung der bäuerlichen Lebensform hier noch nicht so lang zurückliegt. Mit seiner kleinen Villa in Capri ist jeder Neapolitaner ein Tiberius mit seinem künstlerischen Arkadien vor zweitausend Jahren. Selbst der Kitsch hat in Capri viele adlige Ahnen.

Rosa Mundi

Vita Sackville-West

Die Rosenkriege sind glücklicherweise vorbei; ein Krieg weniger, mit dem wir rechnen müssen. Wir dürfen uns einfach an der Blume erfreuen, die diesen historischen Streit traditionellerweise symbolisiert. Die Frage ist lediglich, welche Rose wir wirklich als die wahre *York-and-Lancaster* betrachten können. Denn diejenige, die die meisten Leute freudig unter diesem Namen in den Gärten begrüßen, stellt sich oft keineswegs als *York-and-Lancaster,* sondern als *Rosa Mundi* heraus.

Es gibt keinen vernünftigen Grund für dieses Durcheinander, denn außer der Tatsache, daß beide mehrfarbige Blütenblätter haben, ähneln sich die beiden Rosen nicht sonderlich. Die Rose der Welt (*Rosa Mundi*) ist eine Gallica, die Rose der Kriege (*York-and-Lancaster*) ist eine Damascena, aber falls diese Einteilung für Sie ohne großen praktischen Nutzen ist, hier zwei weitere Möglichkeiten, nach denen Sie sie unterscheiden können. *York-and-Lancaster* ist von sehr blassem Rosa, fast weiß; ein paar Blütenblätter sind mehrfarbig, aber nicht alle – ein saft- und kraftloses Ding, nicht wert, es zu besitzen.

Rosa Mundi ist sehr viel auffälliger. Sie ist von tieferem Rosa und *alle* Blütenblätter sind mit echtem Karmesinrot gefärbt. Außerdem blüht sie sehr viel üppiger. Eigentlich macht es nichts, wenn die Leute sie weiter fälschlicherweise *York-and-Lancester* nennen; das haben sie immer getan und werden es zweifellos weiter tun.

Das Entscheidende ist, daß wir inzwischen eine Rose kaufen können, die entweder *Rosa Mundi* oder – von den Unwissenden – *York-and-Lancaster* genannt wird, und so lange wir sicher sind, daß es sich um *Rosa Mundi* handelt, können wir darauf zählen, daß wir eine Rose haben, die von Jahr zu Jahr an Glanz und Üppigkeit zunimmt. Gestreift, gefleckt und gesprenkelt bricht diese schöne alte Rose im Juni in Blüten aus und zeigt endlose Variationen ihrer Zeichnung. Niemals wissen Sie im voraus, in welcher Musterung sich die Blüten öffnen werden. Manchmal tragen sie ordentliche rote Streifen, manchmal Spritzer, manchmal nur Flecken und Kleckse, aber immer sind sie unterschiedlich, dekorativ und interessant. Sie erinnern einen an roten Kirschsaft, der großzügig in eine Schüssel Sahne gerührt wurde.

Ein Strauch *Rosa Mundi* in voller Blüte ist es wert, betrachtet zu werden. Es lohnt sich nicht, sie für die Vase zu schneiden, es sei denn, Sie haben Zeit und Muße, jeden Tag neue Sträuße zu binden, denn im Wasser hält sie sich nicht. Sogar draußen, am Strauch, ist sie nicht langlebig. Sie ist ein kurzes Vergnügen, aber während dieser kurzen Blütezeit macht sie an Fülle alles wett, was ihr an Haltbarkeit fehlt. Zwei Wochen lang gibt sie ihr Bestes, und dann scheint sie für den Rest des Jahres ihre ganze Kraft verausgabt zu haben.

Vielleicht klingt das alles ziemlich unbefriedigend und so, als sei sie es nicht wert, daß man sie besitze. Ganz im Gegenteil, es lohnt sich außerordentlich. Zum einen können Sie sie in jeden Winkel setzen, und daran tun Sie gut, es sei denn, Sie haben einen riesigen Garten, in dem Sie

sich die längste Zeit des Jahres nichtssagende Lücken leisten können. Sie können Sie auch als Hecke drauflos-wachsen lassen. Pflanzen Sie ein paar Moosrosen dazwischen, und bald werden Sie eine Rosenhecke haben, die so dicht und so romantisch ist, daß sämtliche Nachtigallen aus den umliegenden Wälder herbeifliegen werden, um singend ihre Brust gegen ihre Dornen zu drücken. Aber die Gesellschaft, die ihr am besten paßt, ist *Tuscany,* die ich an anderer Stelle besprechen werde.

Nach besonnter Mädchenhaut

Alma de l'Aigle

Vokabular der Düfte
aus ›Begegnungen mit Rosen‹

Die großen Duftklassen

So viel Ausdrücke wir auch finden können, um die Abwandlung des Duftes zu kennzeichnen, so kommen wir doch immer wieder auf einige wenige Duftklassen zurück, die sozusagen die Grunddüfte, die klassischen Rosendüfte darstellen.

Ich kann darum in meinem Duftvokabular diese großen Duftklassen nur mit einer sozusagen unteilbaren Vokabel benennen, und diese besteht aus dem Namen einer Rose. Natürlich könnte ich statt dessen ein neues Wort finden, ich könnte den La-France-Duft »Angelika« nennen und den Rose-rouge-Duft »Amour«. Aber dann würde die Sache noch schwieriger. Schließlich geben ja die Rosennamen auch für diejenigen, die nie eine Zentifolie, nie eine La France gerochen haben, etwas von dem, was man sich bei diesen Namen vorstellt, wenn man sie zum Beispiel in einem Roman liest; der Name rührt etwas in den Menschen an, und auch das dient zur Verständigung. Der Gartenfreund jedoch wird diese Düfte auch aus eigener Wahrnehmung kennen.

DIE GROSSEN DUFTKLASSEN der nicht mehr teilbaren Rosendüfte sind die folgenden:

CANINA. Das ist die *Rosa canina*, die Hundsrose, die am weitesten verbreitete Wildrose. An ihren süßen sommerlichen und bescheidenen Duft denken wir, wenn von Heckenrosen die Rede ist.

Im Anfang meiner Suche nach Bezeichnungen für den Duft fand ich für meinen eigenen Gebrauch die Vokabel »canina«. Und dann, in einer Rosenschule, hörte ich, daß die Fachleute auch diese Bezeichnung gebrauchen. Die Vokabel ist also bereits sanktioniert. Die Abwandlungen des canina-Duftes sind einerseits nach der blütigen, mädchenhaften Nuance hin, andererseits nach der warmen, trüben, polligen.

CENTIFOLIA. Das ist die *Rosa centifolia*, die gefüllte Zentifolie, die wir als juniblühenden Busch aus alten Bauerngärten kennen, die aber jetzt wieder hervorgeholt worden ist und in ihren verschiedenen Formen in öffentlichen Rosengärten erscheint. Ihr Duft hat ein weit höheres »Kulturniveau« als der von *Rosa canina*, der Duft ist noch rosenhafter, noch fülliger. Ihre Abwandlungen bleiben in ihrem hohen Duftniveau: es ist nach der einen Seite die Moosrose, die leicht harzig duftet (*Rosa muscosa*), nach der anderen Seite die intensiv duftende Damaszenerrose, die das wertvolle Rosenöl liefert.

LA FRANCE. Hier dient nun der Name einer Rosensorte als Bezeichnung für einen unteilbaren Rosenduft. Es läßt sich schwer ausdrücken, inwiefern dieser Duft sich von dem der Zentifolie unterscheidet, denn er ist sowohl frischer als auch reichhaltiger, dabei von seltener Einheitlichkeit.

Es ist eben der klassische Duft der klassischen rosa gefüllten Rose. Die Rose selbst ist ein Mythos geworden, aber ihr Duft lebt in unserem Bewußtsein. (In meinem Rosengarten blüht sie und duftet ganz genauso, wie sie in meiner Kindheit im Elternhausgarten geduftet hat.) Man sollte glauben, daß bei den heutigen Sorten viele Abwandlungen des La-France-Duftes zu finden seien. Aber es ist erstaunlich, daß er da, wo er zu finden ist – und das ist ja nicht so selten – fast immer ohne Nuancen auftritt.

TEEROSE. Hier nehmen wir eine ganze Rosenrasse zur Bezeichnung des Duftes, und das mit gutem Recht, denn selbst Menschen, die keine einzige Rosensorte kennen, brauchen die Bezeichnung *Teerose* für etwas, das ihnen vorschwebt, das nicht nur gelb ist, sondern auch einen besonders geliebten Duft hat. Teerosen gibt es kaum noch, aber auch viele ihrer Weiterzüchtungen, die Teehybriden, haben zum Teil den schönen Teerosenduft übernommen, der ja so ganz anders ist als die *Canina-centifolia-La-France*-Düfte.

Der reine Teerosenduft aber ist nur wenigen heutigen Sorten eigen, er erscheint meist in Abwandlungen, eigenartigerweise besteht die eine darin, daß der Teerosenduft konzentriert erscheint. Ich habe das »tiefen Teerosenduft« genannt. Zum anderen erscheint er mit einem blütigen oder obstigen Einschlag; dies ist bei sehr vielen heutigen Züchtungen der Fall. Bei ganz wenigen heutigen Rosen haben wir sogar den klaren, ungeteilten kostbaren Duft der alten Teerose *Maréchal Niel*. Dieses sind wenige ausgeprägte Fälle, darum wollen wir keine besondere Duftklasse daraus machen.

ROSE ROUGE. Hier dient weder eine Rosensorte noch eine Rosenrasse als Bezeichnung für einen Grundduft, sondern fast möchte ich sagen ein Parfüm, das den Duft der dunkel samtigen schwarz-roten Rose einfängt, dieser Duft, in dem bei aller Fülle auch ein wenig Zärtlichkeit und Wehmut enthalten sind, eine Schwere, eine Weichheit wie Samt. Nennt doch der Parfümeur den Duft der roten Rose »samtig«. Ich hätte statt *Rose rouge* auch »roter Samt« als Vokabel nehmen können. Nicht aber hätte ich rote Rosen sagen können, denn dieser Begriff umfaßt nicht das Schwarz-Samtige, das gerade für diese Duftvorstellung so charakteristisch ist. Die Abwandlungen des *Rose-rouge*-Duftes gehen deutlich nach zwei Seiten. Einmal süß, mit Richtung zum Lilienduft; einmal apfelig, mit Richtung zum roten Tischwein.

WHITE ROSE. Auch diese Duftbezeichnung nehme ich aus dem Reich der Parfümerie. Auch hier dürfte ich nicht einfach »Weiße Rose« sagen, denn so viele weiße Rosen sind duftlos, manche haben Teerosenduft und nur ganz wenige den unteilbaren *White-Rose*-Duft. *White Rose* nannte sich ein Parfüm von Atkinson, das mir unvergeßlich ist. Natürlich hatte das Parfüm den *White-Rose*-Duft, wie ich ihn hier verstehe, mit der leichten Abwandlung zum Welken, genau wie das Rosenöl der *Rose rouge*. Der Parfümeur nennt den Duft der weißen Rose »zitronig und sandelholzähnlich«. Das kommt vielleicht diesem sehr schwer zu beschreibenden Duft am nächsten. Bei meiner *Niphetos* bezeichnete einmal jemand diese Komponente des *White-Rose*-Duftes als »Hauch nach abgestandenem weißen Pfeffer«, so zart, daß es nicht mehr als Gewürz zu bezeichnen ist. Dies allerdings ist bei allen anderen duftenden weißen Rosen noch weniger als ein Hauch und nicht mehr aus der Gesamtheit des Duftes herauszufühlen. Abwandlungen des *White-Rose*-Duftes gibt es eigentlich kaum, höchstens in der Stärke und vor allem im Temperament. Trotzdem muß dieser Duft durchaus als eine gesonderte Duftklasse behandelt werden.

Vokabular für das Temperament des Duftes

Hauchend – strömend – voll strömend – willig strömend – strahlend – weithin strahlend – verströmend (in die Umgebung) – verstrahlend (in die Umgebung) – ausbreitend – sanft ausbreitend – hauchartig ausbreitend – raumfüllend (das sind nur ganz wenige bestimmte Sorten) – scheu – leicht erschöpft (Gegenteil zu strömend) – satt – zaghaft – dünn – voll – leicht – träge – mager – müde (nicht zu verwechseln mit der Müdigkeit des Duftes beim Vergehen der Rose) – leicht zurückfallend – leicht ersterbend – zögernd – verhalten – matt – sparsam – schwellend – sphärisch leicht – ausladend – hingebend – hinströmend – spurenhaft – unwillig – bald erlöschend – verhauchend – luftselig – schwingend – leicht – vogelleicht – sprühend – schwebend – zurückhaltend – quellend.

Vokabular für die Zuverlässigkeit des Duftes

Duft beim ersten Öffnen der Knospe – Duft auch wenn voll aufgeblüht – Duft nur ganz kurze Zeit in einer bestimmten Phase des Aufblühens – Duft während des ganzen Aufblühens – jede Blüte duftet – nicht alle Blüten duften – nur wenige Blüten duften – Duft erscheint nur bei Regenwetter – Duft am stärksten in der Mittagssonne – launisch – in bestimmten Gegenden duftet die Rose – der Duft verändert sich während des Aufblühens von ... zu ... – der Duft bleibt während des Aufblühens der gleiche, wird nur matter – der Duft ist treu, immer da und immer stark – Duft ist immer da, aber wechselt stark sein Wesen – die Blüten einiger Pflanzen haben Duft, die anderer sind duftlos.

Vokabular für das Wesen des Duftes

A) AUS DEM GEBIET DER ROSEN
voran noch einmal die unteilbaren Düfte:

CANINA (die Hundsrose, Wildrose; der Duft erscheint vielfach abgewandelt bei den verschiedenen Edelrosensorten, vielfach als »getrübt canina« oder »pollig canina«),
ZENTIFOLIE (der warme, gemütvolle Duft, oft waldig, harzig),
LA FRANCE (selten ganz rein, oft in Abwandlungen, die durch Zusammensetzungen mit Bezeichnungen aus anderen hier angeführten Serien verwandt werden müssen),
ROSE ROUGE (der typische Duft der dunkelroten Rose, der in verhältnismäßig wenig Abwandlungen erscheint),
TEEROSE (vielfach abgewandelt, aber doch immer ganz charakteristisch),
WHITE ROSE (der seltene Duft der seltenen weißen Rose, der ganz wenige Abwandlungen hat), Heckenrose (dieses ist eine poetische Bezeichnung und der Duft

lieblicher als canina), Wildrose (ebenfalls poetisch gemeint; reicher als canina).

Üppig – großes Bukett – warm – kühl – kühl und rein – herb – rund und warm – hell – trüb – getrübt – vornehm – berauschend – zärtlich – krautig – nach welkenden Rosenblättern – nach zerquetschten roten Rosenblättern – versucht zu duften (unzulänglicher Versuch der betreffenden Rose) – duftlos – strömt nur Frische aus – ätherisch – mädchenhaft – zärtlich – vollreif – blütenhaft – warmdunstig – leicht süß – schwer süß – blütig-süß.

B) Anleihen aus anderen Duftgebieten

Obstig – blütig – fruchtig – nach Lindenhonig – nach Heidehonig – pollig *(Pollen nennt man den Blütenstaub, den die Bienen zur Aufzucht ihrer Brut in den Stock tragen und der dem Innern des Bienenstocks diesen eigenartig herb-dunstigen Geruch gibt. Auch zwischen den Honigzellen sind oft Zellen mit Pollennahrung; wenn dieser beim Schleudern zwischen den Honig gelangt, bekommt er einen getrübten, eben einen polligen Geschmack und Geruch.)* – nach Südfrüchten – nach Ananas – nach einer ganzen Schale edlen Obstes – nach Reinetten – nach Gravensteiner – nach Frühäpfeln (Astrachan) – nach geschälten Kochäpfeln – nach Apfelschale – nach getrockneter Apfelschale – nach reifen Himbeeren – nach gekochten Himbeeren – nach rotem Johannisbeersaft – nach Kinderpudding – nach künstlicher »Roter Grütze« – nach frisch gekochtem Johannisbeersaft – nach roh ausgepreßtem Johannisbeersaft – nach Himbeersaft – nach Honigwasser (wenn man ein Honiggefäß ausgespült hat) – nach Alyssum (honigduftendes Steinkraut, Frühlingsblüher) – apfelblütig – wiesenblumig – harzig – nach Waldboden im Herbst – nach Waldboden im Frühling – nach Bienenwachs – nach Burgunder – nach Mosel – nach Südwein – voll weinig – leicht weinig – nach Stangenkaneel – nach chinesischem Tee – nach indischem Tee – nach trockenem Tee – blumig – nach reifer Birne – zitron.

c) Anleihen aus duftfernen Gebieten

Feucht – naiv – sopranhaft – tiefer Alt – nach frisch gescheuertem Eichentisch – nach ungelüfteten Zimmern – nach zerquetschtem Ungeziefer – nach Papier – nach Bienenwärme – nach besonnter Mädchenhaut – nach Unkraut (krautig) – nach Unkrautecke (auch modrig) – morgenfrisch – besonnt – nach Mädchenhaut, die harzig nach Kiefernwald riecht – nach Mädchenhaut, die nach Heuernte riecht – keusch – fürstlich – königlich – knospig – samtig.

Ein schamloser Duft

Giuseppe Tomasi di Lampedusa

Aber der Garten, zwischen diesen Schranken eingezwängt und verbraucht, hauchte ölige, fleischige, leicht faule Düfte aus, etwas wie die würzigen Balsam-Flüssigkeiten, die von den Reliquien gewisser heiliger Jungfrauen tropfen; die Nelken übertönten mit ihrem Pfeffergeruch den protokollmäßigen der Rosen und den öligen der Magnolien, die schwerfällig in den Ecken standen; darunter verborgen war auch der Duft der Minze zu spüren, vermischt mit dem kindlichen der Akazie und dem Konditorduft der Myrte; und von jenseits der Mauer, von der Orangenpflanzung, kamen – ein Alkovengeruch – die Duftwellen der ersten Orangenblüten.

Es war ein Garten für Blinde: die Augen fühlten sich ständig beleidigt, aber der Geruchssinn konnte ihm ein starkes, wenn auch nicht feines Wohlgefühl abgewinnen. Die Paul-Neyron-Rosen, die er [der Fürst] als kleine Pflanzen selber aus Paris mitgebracht hatte, waren entartet; erst angeregt, dann von den starken, träge machenden Säften der Erde Siziliens erschlafft, von den apokalyptischen Juli-Monaten verbrannt, hatten sie sich in eine Art fleischfarbenen, obszönen Kohl verwandelt; aber sie verströmten einen dichten, fast schamlosen Duft, wie ihn kein französischer Züchter zu hoffen gewagt hätte.

Schöne fremde Rose

Susanne Wiborg

Gärtner sind selten vernünftig. Dafür ist einfach zuviel Leidenschaft im Spiel. Kommt dann noch die große Liebe dazu, kann es ziemlich eng werden. Buchstäblich: Ich wundere mich immer wieder, wie viele Rosen sich doch auf einem wie kleinen Grundstück unterbringen lassen. Das ist zwar sicher nicht optimal, alles in allem aber sind sie erstaunlich kompromißbereit. Auch wenn dieses Frühjahr leider, leider kein Rosenwetter ist, so blühen und duften sie in den Regenpausen doch wieder derart überwältigend, daß ich am liebsten noch viel mehr...aber lassen wir das. Wer am schönsten ist, läßt sich nie sagen: Die Heckenrosen mit ihrer nobel schlichten Form und dem leichten Apfelduft? *Gloire de Dijon*, die legendäre alte Kletterrose? *Tuscany* mit der unbeschreiblichen dunklen Farbe und der faszinierenden Aura von Jahrhunderten Kulturgeschichte auf den samtigen Blütenblättern?

Am originellsten ist sicher die Rose, die mir einfach begegnet ist, direkt um die Ecke: eine winzige, rotkohlfarbene Knospe, die schüchtern aus dem Berberitzendickicht auf der Steinmauer eines alten Heidefriedhofs spähte. Zur Schüchternheit hatte sie fürwahr allen Grund: Der Platz in der Feldsteinmauer, an den sie mit Ausläufern geflüchtet sein mußte, war offenbar ihr letztes Versteck, nachdem sie unten aus der Mode gekommen war. Diese Existenz allein glich einem maximal verschärften Überlebenstraining, dazu kam, daß sie auch noch ständig beim

Heckenscheren rasiert wurde, normalerweise direkt vor der Blüte. Im Herbst kratzte ich mühsam einen winzigen Steckling aus der Mauer. Meiner Unerfahrenheit zum Trotz wuchs und gedieh er fortan, als hätte die Rose nur auf eine Chance gewartet.

Wie hart diese Überlebenskünstlerin tatsächlich ist, lernte ich erst nach einigen Jahren in Gesellschaft ihrer vornehmeren und empfindlicheren Artgenossen wirklich zu schätzen. Inzwischen trägt sie alljährlich überschwengliche Mengen großer, gefüllter Blüten, die dunkelrosa bis violett aufgehen und später malerisch in ein fast fliederfarbenes Grau verblassen. Daß sie eine *Gallica* ist, konnte sie nie leugnen: Anspruchslosigkeit und Wanderlust verrieten sie ebenso wie die überhängenden, eher mit Borsten als mit Stacheln besetzten Triebe mit den dunkeln, matten spitzovalen Blättern. Gallicas sind die ältesten aller Gartenrosen, schon von Griechen und Römern kultiviert und im siebzehnten Jahrhundert von Briten, Holländern und vor allem eben Franzosen in großem Umfang gezüchtet. In der Boomzeit um 1800 gab es über 2000 Sorten. Die meisten sind heute verschollen. *Rosa gallica officinalis*, die Apothekerrose und ihr gestreifter Sprößling »Versicolor« sind die ältesten von ihnen und waren in französischen Gärten mindestens seit dem 13. Jahrhundert daheim. Deren Habitus gleicht dem meiner Zufallsbekanntschaft sehr, doch ansonsten behielt die ihren Namen für sich. Outing-Versuche waren da eher sinnlos: eine vermutlich über hundert Jahre alte Rose unter gut 6000 bekannten Sorten zu identifizieren, ist nicht wirklich aussichtsreich. Zumal sie wahrscheinlich sowieso nie einen Namen gehabt hat, sondern ein Kind der Liebe und des Zufalls aus einem bäuerlichen Garten ist. Dennoch war die Suche ein reines Vergnügen: Einmal war es ein wunderschöner Vorwand, um hemmungslos Rosenbücher zu kaufen, zum anderen sind schon all die wohlklingenden Namen ein Genuß für sich, ein Streifzug durch Jahrhunderte Gartengeschichte: *Belle de Crécy*, *Cardinal de Richelieu*, *Aimable Rouge* …

Ich fand viele, die ihr ähnelten, doch keine, die ihr glich. So lösten wir dieses Problem privat und angemessen stilvoll: Ich gab ihr einen Namen, einen französischen selbstverständlich: *Aimable Inconnue*, die liebenswürdige Unbekannte. Liebenswürdig ist sie rundum, schüchtern dagegen längst nicht mehr, und klein erst recht nicht: Ihre größten Blüten erreichen mittlerweile gut neun Zentimeter Durchmesser, und der üppige Strauch läßt sich nur noch mit energischem Scheren-Einsatz (*nach* der Blüte, versteht sich!) bändigen. Ein Rätsel hat sie sich vorbehalten: Im Innern ihrer dicht gefüllten Blüten zeigte sie zunächst nicht nur weiße Streifen, sondern auch ein aquarellartiges helldunkles Wellenmuster auf jedem Blatt. Die weißen Streifen hat sie immer, das Muster jedoch ist von Saison zu Saison verschieden intensiv ausgeprägt, von deutlich bis nahezu unsichtbar, so variabel wie die Farbintensität ihrer Blüten. Warum tut sie das bloß? Liegt es an irgendwelchen Umwelteinflüssen, oder ist dieses Wechselspiel ganz einfach ihre persönliche Note? Die mickrigen Blüten am Ursprungsstandort scheinen immer gleich auszusehen. Dieses Jahr kann ich dort leider nicht vergleichen: Sie sind mal wieder abgemäht.

Rosen, Lilien, Lindenbaum – Der Garten in der höheren Musikgeschichte

Eckhard Henscheid

»Rote Rosen, rote Lippen, roter Wein«: Gegen René Carols Erfolgsschlager von 1953 war natürlich selbst für Goethe rosenbetrefflich kaum ein Aufkommen; immerhin versuchte er es gleich mehrmals, und nicht ganz ohne Sukzeß: »Sah ein Knab ein Röslein stehn« und »Kleine Blumen, kleine Blätter« mit dem finalen die Liebe bekräftigenden »Rosenband« machten ihren Weg in der Literatur- wie Musikgeschichte, hier in der Vertonung durch Schubert bzw. Johann Friedrich Reichardt, dort durch Schumann – und dann vor allem das irische Volkslied von der »Letzten Rose« in der Opernfassung von Friedrich von Flotow drückte stark auf die Tränendrüsen und wurde ein Evergreen bzw. Everred.

Es konnte nicht ausbleiben, daß die gefräßige Konzert- und Lied- und Opernmusik die Flora wahrlich quer durch den Garten durchstöberte und ausbeutete. »Auf der Heide blühn die letzten Rosen« teilt ein bekanntes Volkslied aus zweiter Hand mit, feiert im Fortgang aber auch paritätisch die müde Herbstzeitlose; Schneeglöckchen, Nelke und Lotosblume (nach Heinrich Heine) werden einigermaßen egalweg in Liedern von Robert Schumann gewürdigt, und einmal sogar simultan »Die Rose, die Lilie« (wieder nach Heine); das Veilchen berücksichtigt am populärsten Mozart; die Nachtviolen aber finden sich im sehr schwebend-zarten Kunstlied von Schubert ausreichend berücksichtigt.

Sogar in pentatonischer Tonfolge bringt Franz Léhar in seiner China-Operette jene Apfelblüten zum Erklingen, von denen der Prinz (übrigens nach einem chinesischen Birnenblütengedicht) der lieblichen Geliebten in einer Mondnacht im April einen Kranz vor dem Fenster deponiert – die Kirschblüte hingegen bevorzugt in einem wunderschönen Frühlingsduett Mascagni im Zuge seiner musikalisch zu Unrecht vernachlässigten Kurzoper »Freund Fritz«. Indessen seine »Cavalleria rusticana« nicht als einzige Oper die Orange derart glorifiziert, daß sie erst recht vor Freude erglüht.

Dann wird es immer querfeldeinmäßiger, vor nichts schrecken die Komponisten mehr zurück und verkomponieren praktisch alles, was irgend im Wege steht. Schubert steuert den bekannten Lindenbaum bei und macht ihn zusammen mit Wilhelm Müller zum unverblühlichen Volkslied; Schumann den weniger bekannten Nußbaum; Ottorino Respighi packt die römische Pinie an; Anton Dvořák die »Cypressen«. Nicht vertont wurde meines Wissens bisher das Pflaumenbaum-Gedicht von Brecht; dafür erledigt Richard Strauss in den »Vier letzten Liedern« nicht nur im Verein mit Hermann Hesse den Akazienbaum, sondern hakt auch noch die »duftende Resede« ab und, weil er schon mal im Schwung ist, auch noch jenen Jasmin (»Weite Wiesen im Dämmergrau«), den sich einst auch schon Schumann zugetraut hatte.

Bleibt für Giacomo Puccini im frühen sinfonischen Tonstück eigentlich nur noch, die »Crisantemi« für Streichorchester heimzubringen, es ist dies Übungswerkchen für den Newcomer aus Lucca aber offenbar nicht so ganz befriedigend, ja vielleicht ein bißchen beliebig geraten; so daß Puccini glaubt, Abbitte leisten zu müssen: Nicht allein thematisiert er nun in wahrlich allen seinen Opern irgendwo den Garten (*giardino*, *orto*), vom »Mantel« bis zur abermals chinesischen »Turandot«, von »La Rondine« bis zur »Fanciulla del West«.

In »Tosca« wird mit der wohl berühmtesten aller Tenorarien sogar die unter blitzenden Sternen erinnerungsstark knarrende oder knisternde Gartentür veropert (*»stridea l'uscio dell'orto«*); im Einakter »Schwester Angelika« vergiftet sich eben diese vor Herzeleid mit den geliebten Fiori ihres Frauenklostergärtchens; und in »Madame Butterfly« greift Puccini nicht allein auf die alten Chrysanthemen zurück, sondern als Vorlage sogar auf Roman und Oper »Madame Chrysanthème« von Loti/Messager; und in einem ausufernden Kirschblütenduett Butterfly/Suzuki »Scuoti quella fronda di ciliegio« macht er aber vor lauter Gartenpassion sogar seinem alten Freund-Feind Pietro Masagni kirschenmäßige Konkurrenz. Dort waren's aber – schon rotknallige Früchte.

Erst da – mit dieser apotheotischen Puccinischen Gartenfeier samt Ges-Dur-Akkord- und Stimmengewoge und Harfenarpeggios – wird erschreckend klar, daß ans arme Gänseblümchen wieder mal keiner gedacht hat.

Aber immerhin Schubert – wo? – an den Kressesamen.

Postscript:
Allerletzte Erkenntnis kurz nach Redaktionsschluß: Dvořák hat nach seinen Gartenberichten über die »Rose«, den »Blumenstrauß«, die »Linde« und die »Cypresse«

tatsächlich auch noch über – »Die Erdbeeren« gearbeitet, so lautet der Titel eines Liedes der Gruppe op. 7, »Jahody«; ja, wirklich, das klingt nämlich keineswegs wie Löwenzahn, auch nicht wie Blumenkohl oder nach Puccini-Mascagnischer Kirsche; sondern mit seinen raffinierten harmonischen Rückungen und melodischen Hüpfern akkurat wie süßes hinschmelzenmachendes Erdbeerfleisch, oh, ja, doch, hm, wie das schmeckt!

Fast wie Gershwins berühmter »Strawberry«-Song aus dieser Negeroper da …

Die nackten Gärtner von Abbey House

Philippina Migeot

In England ist ein »naked chef« ein junger Mann, der ohne Firlefanz kocht. Ein »naked gardener« ist jedoch ein Mensch, der, für sich allein, nur mit Arbeitshandschuhen und einem Spaten bekleidet in seinem Garten gräbt, oder, wenn Fremde ihn besuchen, ein wenig Firlefanz trägt. So wie Mrs. Pollard an diesem frischen britischen Septembertag. Groß und schlank mit hennaroter Mähne, tritt sie den Besuchern in knappen Shorts zu einem rotgelben Netzhemd mit passender Holzperlenkette entgegen. An den Füßen Lackballerinas, um die Knöchel zusammengerutschte gelbe Strickstulpen und an der Hüfte ein Lederholster für die Gartenschere. Ihre langen Fingernägel sind unterschiedlich bunt lackiert und die unwahrscheinlichsten Instrumente für jede Art von Arbeit. Auf eine gewisse Exzentrik war der Besucher freilich vorbereitet. Am Kassenhäuschen kann er neben Postkarten und Gartenführern zu Abbey House auch ein Photo des Ehepaars Pollard kaufen, das beide in paradiesischem Zustand und neckischer Pose zeigt: »The naked gardeners«.

1994, als Ian und Barbara Pollard das elisabethanische Abbey House in Malmesbury in den Cotswolds kauften, sahen die Fingernägel und der 20000 Quadratmeter große Garten vermutlich noch anders aus. Ian, »der visionäre Architekt«, und sie, »in einem Rosengarten aufgewachsen«, zogen hier ihre drei Kinder groß und gaben, als die aus dem Gröbsten heraus waren, ihrer Leidenschaft für

Abbey House Gardens

die Hortikultur widerstandslos nach. Ein großmaßstäbliches Projekt: 30000 Tulpen und Narzissen, 2000 neue Rosen im Millenium-Jahr, ein Tal voll Rhododendron, ein gotischer Bogen zwischen viktorianischen Ziegelmauern, Teiche, Brunnen und Skulpturen, mehr Pflanzen als mancher botanische Garten. Über den Preis der Leidenschaft wird nicht gesprochen. Geld ist etwas, das man hat. Auch wenn man keinen Faden auf dem Leib trägt.

Wenn Mrs. Pollard nun den Besuchergruppen vorantänzelt, mit der Schere beiläufig hier eine welke Blüte und dort ein dürres Zweiglein abknipst und mit knappen aber damenhaften Gesten auf das keltische Knotenparterre, die überbordende doppelte Staudenrabatte oder den Goldregen-Tunnel weist, dann erscheint es doch ein wenig märchenhaft, daß nur sie und Ian und ein Hilfsgärtner dies alles in zehn Jahren geschaffen haben sollen und so vorbildlich in Schwung halten.

Doch wie zur Bekräftigung tritt nun Mr. Pollard auf, ein Mann von leicht winkingerhaftem Äußeren, sandfarbene Haare und Bart, durchgängig gebräunt, in Stiefeln und Tanga und mit einem Holzbalken auf der Schulter in Richtung Kräutergarten stapfend. Warum soviel Luftigkeit bei nicht mehr sommerlichen Temperaturen, ist eine Frage, die nun doch an Mrs. Pollard gerichtet werden muß. »Mir mag ja kalt sein«, sagt sie und schaut auf ihre blaugefrorenen Beine, »aber der Anblick wärmt Ians Herz.« Sie seien seit zwanzig Jahren zusammen, und es freue ihn noch immer, wenn sie sich für ihn schönmache. Dank dieses zwischenmenschlichen Wärmeaustauschs kann auf Jacken, Hosen und Strümpfe verzichtet werden.

Etwas später sieht man Mr. Pollard im Parterre die Buchsbaumpyramiden stutzen. Ein paar Meter weiter sitzen drei alte Damen auf einer Bank, beißen in ihre mitgebrachten Brote und beobachten mit leiser Unruhe, was da alles durchs Grün blitzt.

Keine Irritation aber schmälert die beziehungsreiche Anlage, den guten Geschmack und überwältigenden Anblick des Gartens. Malmesbury Abbey, das Benediktinerkloster aus dem 12. Jahrhundert, dessen Apsis früher über einem Teil des Gartens stand, ragt noch als turmhoher Mauerrest an seiner Grenze. Hart an der ehemaligen Außenwand, deren Kontur heute von Eibenhecken nachgezeichnet ist, fanden die Pollards 1996 einen mittelalterliche Steinsarg mit den Gebeinen eines Mannes. »Vermutlich ein Abt«, sagt Mrs. Pollard. »Beachten Sie bitte das steinerne Kopfkissen.« Das alte Grab ist von Rosen umrankt, und dort, wo einmal die Marienkapelle stand, haben die Gärtner unzählige Hyazinthenzwiebeln gesteckt, damit der Heckenweg im Frühling von femininen Farben und himmlischen Düften erfüllt sei.

Das klösterliche Thema zieht sich durch den ganzen Garten, von dem großen Kopf eines Mönchs mit dunklen Augenhöhlen, den Ian in die Eiben geschnitten hat, zu den Fischteichen und dem runden Kräutergarten – »sein Chef d'œuvre«, wie Barbara bescheiden anmerkt. Als ein Rad mit hundert Fuß Durchmesser und einem Wasserbecken als Nabe angelegt, wachsen 1200 verschiedene Kräuter zwischen den Speichen. Zur besseren Bearbeitung als Hochbeet angelegt – »so, wie die Mönche es auch gemacht hätten« –, ist ihre Umrandung aus Eichenbalken gefügt. Umgeben ist das duftende Rad von einer runden Kolonnade, an der 180 Obstgehölze – Äpfel, Birnen, Mispeln, Pfirsiche, Quitten und Trauben – als Spalier gezogen werden. »Ian denkt gern in großen Dimensionen.« Die roten Äpfel, die an einem nur fußhohen Geländer das Irisbeet umranken, wird er allerdings im Liegen ernten müssen. Auf so eine originelle Idee wären die Mönche vermutlich nicht gekommen.

Vom sonnigen Garten führt ein Serpentinenweg hinunter ins schattige Tal zum kleinen Fluß Inglebourne. Was wie ein wildes Wäldchen aussieht, ist planvoll gepflanzt: Haselbüsche, Rhododendren, Kamelien, Azaleen, Hortensien und Baumfarne; ein künstlicher Wasserfall, ein aufgeschütteter »Kalvarienberg« für Ausblick und Meditation. Hier, in einer Untiefe des Flusses, liegt St. Aldhelm's Pool, in dem sich, so schreibt William of Malmesbury, Historiker und Bibliothekar des Klosters, der erste Abt der Bestrafung seines nach Wärme und Verweichlichung lechzenden Körpers unterzog, indem er die Nacht bis zu den Schultern im kalten Wasser verharrte – schadlos, wie Mrs. Pollard versichert. Das geschah ums Jahr 675. Die Witterungsresistenz der Gärtner von Abbey House hat eine lange Tradition.

Lebensmittellyrik

Axel Sanjosé

Mit Gemüsezeichnungen von Hilke Raddatz

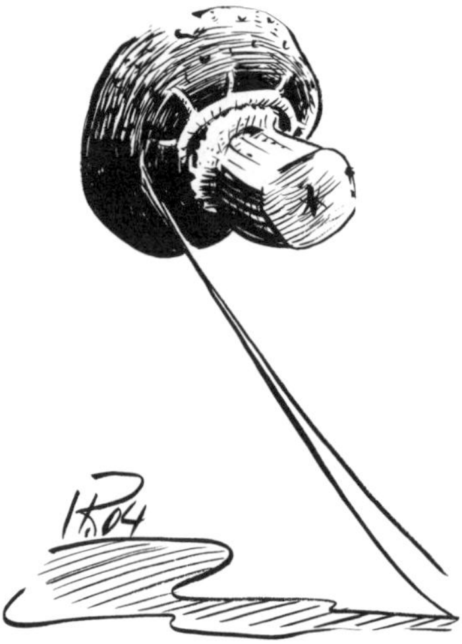

Champignon

Meister aller Klassen,
werter Kompagnon,
liebt ich dich nicht,
ich müßt dich hassen,
hielt ich dich nicht,
ich würd dich lassen,
würf ich dich nicht,
ich wollt dich fassen,
– rief man mich nicht,
ich müßt jetzt passen –
Günstling, du, der Massen,
großer Champignon.

Kohlrabi

Kohlrabischwarz ist meine Seele,
kohlrabiblau ist mein Gemüt,
kohlrabiwild schreit ich zu Taten,
kohlrabivoll kehr ich zurück.

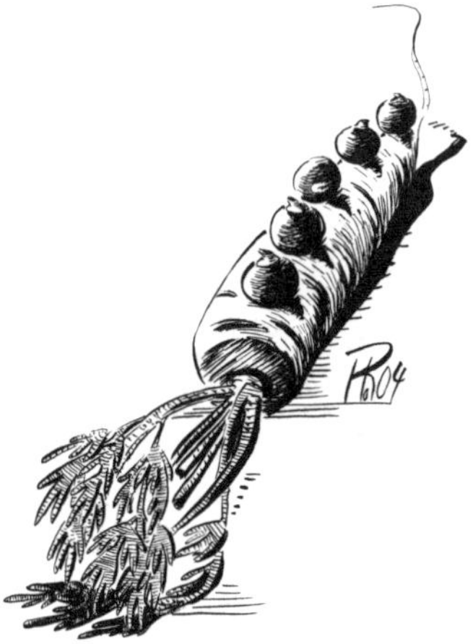

Erbsen und Möhren

Wie Kölner ohne Kölsch,
wie Hirsche ohne Röhren,
wie Kuwait ohne Öl,
wie Kiefern ohne Föhren,
wie Döner ohne Ös,
wie Dänen ohne Öre,
wie Kaviar ohne Stör,
wie Kierk'gaard ohne Sören –
mein Kind, so ungefähr
wär'n Erbsen ohne Möhren.

Zitronen

Oft zitiert und nie erreicht,
aber hinterrücks zerrieben,
grob mit heißem Punsch verbrüht,
ausgepresst, geschält, geviertelt
und zu Zitronat gewürfelt,
aus dem Land, in dem ihr blüht
in die weite Welt vertrieben –
nein, ihr habt es auch nicht leicht.

Zwiebeln

Ob in Städten oder Käffern
kannst du salzen, kannst du pfeffern.
In der Fremde und bei Muttern
darfst du zuckern, darfst du buttern.
Durch die Wüste, unter Geiern
mußt du gurken, mußt du eiern.
Wassern, weinen, ölen, aalen,
wursteln, semmeln, linsen, dillen…
Aber unter deutschen Giebeln
ist es kaum noch schick zu zwiebeln.

Katzengräber

Karla Schneider

Ich erinnere mich an leere Fußwege, und die Häuser damals hatten alle etwas von der Küchenfront eines abgetakelten Strandhotels.

Es waren die Jahre der wilden Gärten, der Landnahmen an Bahndämmen, der vegetabilischen Claims, der schattenlosen Kartoffelsteppen und der Tomatenpflanzen, jede an ihren speziellen kleinen Marterpfahl gebunden.

Ich erinnere mich an einen heißen trockenen Sommer und an die Explosionen von Unkraut und Gräsern, an Stangenbohnen-Tipis und Montezuma-Kronen aus Möhrengrün, an den ersten roten Husch auf den Erdbeeren und an das drei Wochen Schwelgen wie im alten Rom und dann wieder ein Jahr nichts. Das alles und noch mehr, eingefaßt von Dachziegeltrümmern, sproß und wucherte und schoß empor, gepflanzt nach dem Schema vom Käsekästchenspiel. Wenige Obstbäume waren halbwegs gut über die letzten beiden Winter gekommen, fast ging das alles nun über ihre Kräfte. Großartige Schatten jedenfalls warfen sie nicht, sie siebten höchstens das Licht.

Blumen waren nicht wichtig; sie wurden durch jene rosablühende Staude ersetzt, deren Blätter man rauchen konnte.

Ich erinnere mich, daß in jenem heißen Sommer meine Katze, die bis dahin unser Essen geteilt hatte, es plötzlich nicht mehr anrührte. Sie kippte einige Male um, und eines Tags, als ich vom Anstehen kam, lag sie tot im Vor-

saal, wo sie uns immer zu erwarten pflegte. Ihr war im Tode ein blutsteifer kleiner Pharaonenbart gewachsen.

Nach dem Beetebegießen, im Zwielicht, hob ich, während meine Mutter den anstoßenden Nachbargarten mit argwöhnischen Blicken in Schach hielt, im Rhabarber eine Grube aus und versenkte den Vorkriegskarton mit dem Kadaver. Mach schneller, sagte meine Mutter, so was ist verboten. Ich weinte, während ich schaufelte. Ich glaubte fest an eine mystische Beziehung zwischen der toten Semse und dem Gedeihen des Gartens. Als ich einen Grabstein, wenigstens eine Namenstafel oder sonst ein Memento zur Sprache brachte, sagte meine Mutter, obwohl Semse doch auch zu ihren Füßen, das heißt mit uns im Ehebett geschlafen hatte, bloß: Quatsch.

Ich erinnere mich auch, daß die alte Frau Palitzsch in diesem heißen Sommer nach mir sah, während meine Mutter arbeiten ging. Einmal nahm sie mich mit, kämmte mich vorher, steckte Haarklemmen und bestand auf den Holzsandalen. Schade, daß du keine Lackschuhe hast, wir müssen fein sein. Sie wirkte aufgekratzt und duftete am Hals.

Sie wollte, so erfuhr ich, sich mit ihrer Schulfreundin treffen, die ihrerseits ihren Enkel mitbrächte als Gesellschaft für mich.

Wir fuhren mit der Straßenbahn und liefen in der Backofenglut an einer Mauer entlang bis zu einem halb offenstehenden Gittertor. An den Stäben war mit Bindfäden ein gemaltes Schild befestigt: »Garten-Café«. Ein Sandweg führte zu einer Villa, wo auf einer Terrasse unter einem heruntergelassenen Sonnendach etliche Tische standen. Direkt im Blickfeld der Tische lag ein Rundbeet, das mit Gelb und Rot so bepflanzt war, daß es ein Muster ergab.

Frau Wackerbarth, die Freundin von Frau Palitzsch, saß schon da. Der Enkel hatte offensichtlich keine Lust gehabt. Etwas anderes vor, wurde gesagt, aber ich ließ mich doch nicht betuppen.

Die beiden Frauen wiesen sich gegenseitig auf das Sonnendach hin und auf das Rondell. Beinah wie gestickt, nicht? Wie nennt man gleich diese Art der Bepflanzung, wollte Frau Palitzsch wissen, und Frau Wackerbarth sagte, sie glaube, das nenne man rhythmisch. Oder zentrimetrisch.

Sie hatten rotfleckige Gesichter, fächelten sich und atmeten schwer. Dann fragten sie nach gutem Kaffee, aber die Hoffnung wurde enttäuscht. Wo sollte der wohl herkommen, meine Damen, sagte der Ober, und so bestellten sie den üblichen Kaffee.

Mir ließen sie, als Entschädigung für den ausgefallenen Enkel, einen langstieligen silbernen beschlagenen Kelch kommen mit drei kalten Kugeln, zwei blaßgelb, eine blaßrosa. Das ist Eis, wurde gesagt, nein, nicht solches. Speiseeis. Gott, Käthe, sie kennt das nicht, ist das möglich! Frau Palitzsch und Frau Wackerbarth aßen Kuchen, der war markenfrei. Aus dunkelbraunem Teig, sehr klantschig, mit einer roten Spur in der Mitte, mit weißem Schaum oben drauf und bunten Perlchen.

Ich sah auf mein erstes Eis und auf das Blumenrondell und ab und zu auch zu den beiden alten Frauen hin. Sie hatten sich hübsch aufgeziegelt mit kleinen Strohhüten und zu weiten Kleidern aus Seide und Lavabel und betonten Augenbrauen und Taschentüchern mit Kölnisch Wasser zum Gesichtabwischen.

Frau Palitzsch litt an der Bechterewschen Krankheit, das heißt, ihr Kopf war für immer eingezogen wie in Erwartung von Schlägen. Die Haltung einer singenden Nachtigall, sagte Frau Palitzsch. Frau Wackerbarth, erinnere ich mich, wirkte seltsam »unecht« auf mich. Auf Wangen und Oberlippe sproß ihr dunkles Fell, sie war groß und knochig und trug den Siegelring ihres verstorbenen Mannes. Ihre Stimme hörte sich an wie verstellt. Ein Wort fiel mir ein, ich kannte es aus dem Radio: Damenimitator.

Sie redeten, während sie aßen und ihren Kornkaffee tranken. Darüber, daß das Café nur die Hälfte vom Erdgeschoß der Villa Monrepos gemietet hatte, und wer wohl die hintere Hälfte und wer den ersten Stock belegt hatte. Über die Enteignung des ersten Monrepos-Besitzers »damals«, und wer während »der Zeit« sich darin breitgemacht hatte. Und daß das Café wohl wenig Chancen hätte, sich zu behaupten. Sollte da nicht bereits so eine Kulturinstitution die Hand danach ausgestreckt haben mit dem Segen der Besatzer? Hatte das nicht in der Zeitung gestanden?

Geh dir doch den Garten angucken, sie wandten sich an mich, als ich das Eis aufgeleckt hatte und dem sanften kühlen Metallgeschmack für immer verfallen war.

Welchen Garten denn?

Na, den da! Sie wedelten mit den Händen und boten mir imaginäre Spielfelder an, wenn ich nur um die Hausecke herumginge.

Unlustig trottete ich in die gezeigte Richtung. Sobald man den Schutz der Markise verließ, stürzte die gleißende, blendende, brüllende Hitze auf einen herab wie ein Stoßvogel.

Anfangs folgte ich dem Sandweg, aber bald verschwand er unter lange nicht geschnittenem Gras. Als erstes zog ich die Schuhe aus. Das Gras war voller Wegerich und Löwenzahn, Vögel jagten darin wie in Wäldern. Ich konnte ihr Zickzack am Wackeln der Blätter verfolgen.

Dann aber, ich erinnere mich, entdeckte ich die Faszination, sich in den Schatten großer Bäume zu begeben. Man trat aus der infernalischen Sonne heraus und wurde umfangen von ungeheurem Erleichterungsgefühl. Bleib, solange du willst; ein Schatten reichte mich an den nächsten weiter. Große Bäume, von denen ich keinen einzigen kannte. Einer sah aus wie aus Chenille gemacht. Einer war voller riesiger runder Seerosenblätter und weißer Blüten. Manche hatten entfernt Ähnlichkeit mit Tannen oder Fichten. Einer trug dunkelrotes Laub, das rings um ihn bis zum Boden hing. Einer mit goldenen Büscheln duftete und summte wie eine Überlandleitung. Wieder ein anderer war aus lauter sprudelnden grünen Kaskaden zusammengetürmt.

Sie hatten etwas an sich, wie sie so dastanden und mich mit Schatten bewirteten, nein, nicht etwas Nobles, denn obwohl das Wort zu meinem Sprachschatz gehörte, war es doch durch die Redewendung »das ist aber nobel« (wenn jemand etwas aufgerundet hatte, das er einem schuldig war) zum Begriff des Spendablen abgeirrt. Nein – sie waren *edelmännisch*. Es fehlte auch die weibliche Note nicht, denn als ich zur Vorderfront der Villa gelangte, war der Weg dahin gesäumt von stehengelassenen Reifröcken, noch mit Resten von Blüten dran.

Ich erinnere mich, daß ich an eine freie Stelle kam, wo inmitten mehrerer Rosenstöcke eine Steinplatte halb schräg am Boden lag, wie ein an den Tellerrand gelehntes

Buch. Ich kauerte mich hin und las, vom grellen Sonnenlicht geblendet:

»Sie war die Anmut selbst, / so weiß wie weißer Klee./ Wir nannten sie Perdita./ Keiner von uns vergißt sie je.«

Die Rosen sahen scheußlich aus. Rosenmumien, nicht ver-, sondern zerblüht. Geschwüre, aus bräunlichen Falten und Runzeln, voller Schuppen und Grinder.

An der dem Café entgegengesetzten Ostseite des Hauses gab es ebenfalls eine Terrasse, allerdings ohne Markise. Hier knallte die Sonne ungefiltert auf die Steinplatten. Wie drüben stand die Glastür zum Inneren weit offen. Drinnen spielte ein Radio oder Grammophon. Auf der Terrasse tanzten zwei Männer miteinander.

Ich blieb stehen und gaffte. Daß Frauen miteinander tanzten, war gang und gäbe. Aber Männer? Von weitem riefen Frau Palitzsch und Frau Wackerbarth nach mir. Ich rührte mich nicht von der Stelle.

Von den Kichern.
Die Kicher-, Kecher-, Ziser-Erbse

Es ist wahr, was D. Mich. Bern. Valentini in seinem Kräuter-Buche anmerket: »Wenn man die Kicher-Erbsen röstet, bis sie schwarz werden, zu Pulver verstösset, und in Wasser siedet, so schmecken sie wie Coffee, weswegen einige dieselbe Coffee-Erbsen nennen; sie riechen wohl und ob die Brühe davon schon etwas bitter schmecket, ist diese Bitterkeit doch nicht widrig, und kann man solche schon angenehm machen, wann man halb Kichern und halb Coffee-Bohnen röstet, und damit vermischet, und gebet an denselben eben so viel ab als an dem Coffee. Es ist gewiß und sicher, daß unter allen Hülsen-Früchten, mit welchen man den Caffee nachahmen wollen, keine gefunden worden sey, mit welchen diese Sache so wohl angegangen, als die Kichern.«

Ich selbsten habe die klügsten Coffee-Schwestern, welche von dem guten Geschmack eines ächten Coffees urtheilen wollen, einige Malen damit angeführet, und wenn ich dieselben befraget: Was sie denn vor ein Getränke genossen? So haben sie mir zur Antwort gegeben: einen recht guten Coffee.

Christian Reicharts Land- u. Garten-Schatz, Fünfter Teil: Von der vieljährigen Nutzung der Aecker. Erfurt, verl. Heinr. Rud. Nonne, Univ. Buchr. 1769

Schnecken-Erotik

Gerald Durrell

Wenn Sie eine wirklich exotische tierische Romanze sehen wollen, müssen Sie nicht im tropischen Dschungel suchen. Gehen Sie einfach in Ihren Garten und belauern Sie dort eine gemeine Wegschnecke. Dabei stoßen Sie auf eine Situation, die so verwickelt ist wie die Handlung eines modernen Romans, denn Schnecken sind Hermaphroditen, das heißt, jede/r kann sowohl die männliche wie die weibliche Seite der Werbung und Vereinigung genießen. Doch neben der Zweigeschlechtlichkeit hat die Schnecke noch eine erstaunlichere körperliche Eigenschaft in petto, nämlich einen kleinen sackartigen Behälter, in dem ein winziger blattförmiger Splitter aus Kalziumkarbonat steckt, der sogenannte Liebespfeil.

Wenn also zwei Schnecken, die, wie ich schon sagte, männlich und weiblich sind, Seite an Seite daherkriechen, veranstalten sie ein über die Maßen kurioses Liebesspiel. Sie fangen an, sich gegenseitig mit ihren Liebespfeilen zu stechen, die tief eindringen und sich schnell im Körper auflösen. Offenbar ist dieses sonderbare Duell nicht so schmerzhaft, wie es aussieht; tatsächlich scheint der penetrierende Pfeil auf die Schnecke einen angenehmen Eindruck zu machen; vielleicht wie ein exotischer Kitzel. Aber wie auch immer, beide widmen sich daraufhin mit Enthusiasmus dem ernsten Geschäft der Fortpflanzung.

Ich bin kein Gärtner, aber wäre ich einer, hätte ich wahrscheinlich eine Schwäche für alle Arten von Schnekken, sogar wenn sie meine Pflanzen fräßen. Eine Kreatur,

die ohne Cupido zurechtkommt, die ihren eigenen Köcher voller Pfeile mit sich trägt, wiegt in meinen Augen jede Menge langweiliger, unerotischer Kohlköpfe auf. Es ist eine Ehre, sie im Garten zu haben.

»Bitte rühren Sie die Pflanzen!«

Elsemarie Maletzke

Der Wind auf Fünen: Er haut den Verkehrsschildern aufs Blech und kämmt der Gerste das grüne Haar. Der Große Belt trägt Schaumkronen. Wie unermüdliche Radschläger drehen sich die Windrotoren. Über einem flachen Land hängt der Himmel erstaunlich tief. Reetdachhäuser, die Firste kreuzweise mit Knüppeln befestigt, liegen zwischen hohen Hecken. Von den Fahnenmasten ringeln sich die rotweißen Luftschlangen der Danebrog-Wimpel. Die Gärtner binden ihre Stauden fest, pflanzen Thuja-Mauern und heben Sitzkuhlen aus. Trotzdem: Es zieht. Gibt es eine Gartenkunst in Dänemark? Oder nur Schutzmaßnahmen?

Vorne im Reisebus sitzt Herr Grabener, der mit diesem Namen nur Gärtner sein kann. Er kommt aus Bremen, trägt Anorak, blaue Schiffermütze und hat es gern »gefleecht«. Er hat die Route mit ausgetüftelt: Fünen, Seeland und Møn. Dänische Hortikultur in fünf Tagen: Schloßgärten, Parks und siebenmal private Scholle. »So, meine Damen und Herrn …« Es sind aber nur Damen da. Fünfzehn im viel zu großen Bus. Zweimal fünfzehn grüne Daumen, die sich keinen Rittersporn für einen Eisenhut vormachen lassen. Herr Grabener wird sie den Gartenbesitzern vor jedem Rundgang formvollendet vorstellen (»These are my ladies«), danach ein kleines handgeschmiedetes Gerät überreichen, Spaten und Rechen am selben Stiel, und pantomimisch ihren Gebrauch erklären.

Frau B. ist 80, Botanikerin und kennt jedes Pflänzchen bei seinem lateinischen Namen. Zu Hause hat sie 900 Quadratmeter Garten, hundert Kübel und eine Polin, die beim Gießen hilft. Frau S. zieht Kräuter in Hochbeeten, Frau W. ist Floristin und will zwischendurch keine Krypta und kein Denkmal sehen, sondern noch mehr Blumen. Ein Gang durch die Altstadt von Odense, wo Rosen und Malven neben den blauen Türen bis zu den niedrigen Dachkenneln sprießen, gleicht einem Zickzack-Kurs, weil Frau W. ihre Nase in jede Blüte stecken muß. Mmhh! Eine *Portland*? Eine *Alba*? Hallo, Frau W.! Wir sind schon am Dom. Der Wind! Die Regenschirme sträuben sich. Aber der Heilige Knud kann in seinem Sarkophag warten, bis die Rosenfrage geklärt ist. Vielleicht doch eine *Jacques Cartier*?

In Odense wurde Hans Christian Andersen 1805 in großer Armut und Unordnung geboren. Sein Vater war Schuster, seine Mutter Waschfrau, alkoholkrank und am Ende verwirrt. Auf dem Odense Fluß, nicht weit von der Furt, wo sie die Wäsche anderer Leute auf den Steinen schrubbte, liegt ein aus Metallfolie gefalteter Kahn, eine künstlerische Erinnerung an das Papierschiffchen, mit dem der standhafte Zinnsoldat den Rinnstein befuhr. Der junge Andersen, unbehaust wie ein Vogel, fand adelige Gönner, und es war ihm ein Vergnügen, durch ihre Parks zu schweifen, Wiesen- und Gartenblumen zu pflükken und für die Damen daraus Buketts zu binden. In dem großen, eleganten Museum, das die armselige Butze einschließt, in der er aufwuchs, schlägt eine Nachtigall – vom Band, aber, wie im Märchen, frei und herzensschön, das Gemurmel der Welt übertönend und den Tod besiegend. Auf der anderen Seite der hohen Fenster fällt der Regen auf einen Park mit einem bunten Kindertheater, Rasenhügeln und Rabatten.

Zum Grundstück der Gartenarchitektin und Pflanzensammlerin Lillian Allingbjerg führt ein Rosenband, von dem Frau W. sofort angezogen wird. Prüfend hebt sie die Blumenköpfe, wie das Kinn eines Kindes, das sie gerade beim Schwindeln erwischt hat. Verrat mir mal… *Rose de Resht*, unverkennbar! Ein violettes Rot und ein warmer, wundervoller Duft. *Rosa Mundi* – nein, nichts Zweifarbiges! Dann lieber diese weiße, *Tanja Blixen*, und hier natürlich *Königin von Dänemark*. Den übrigen Garten schenkt sich Frau W. Der ist ihr zu vollgestopft, die Kiespfade mit kleinen Verkehrsschildern markiert, um den Besucherstrom zu lenken. »Mögen Sie den Garten?« – »Entschieden nein«, sagt Frau T. »Mein Vater hatte so einen. Erst war alles offen, nach 40 Jahren alles zu. Und als Kinder mußten wir mit ihm da durchgehen; das hat drei Stunden gedauert mit dem Erklären.« Hier geht es schneller. Die nette Frau Allingbjerg winkt der Gesellschaft mit einer dänischen Fahne nach.

Birgit Madsen in Ørbaek hat keine Rosen, aber hinter ihrem Backsteinhaus alte Bäume, Nuß und Birne, einen Teich und viele außergewöhnliche Stauden. Der Rasen federt; seine Kanten sind picobello abgestochen. Vor der Haustür drückt sich eine Horde Katzen herum, die weni-

ger gepflegt sind, und gegen die Frau Madsen Lufttritte austeilt. Nun sind Katzen im Garten wirklich keine große Hilfe, und Frau und Herr Madsen beackern allein 2000 Quadratmeter. Der Spaten fährt wie in feuchten Sandkuchen, als Herr Madsen Türkenbund-Lilien aushebt. So fühlt sich Boden an, der seit zwanzig Jahren regelmäßig seine Kompost-Packungen bekommt. Vor der haushohen Thujahecke, die das Grundstück dunkel umkränzt, steht Rhododendron als ein zweiter Windbrecher, dazwischen Orchideen, Astilben, der seltene blaue Mohn, Etagenprimeln, und noch ein Stock tiefer, Veilchen und niedriger Storchenschnabel. Clematis klettert durchs Gehölz. »Ach, meine Clematis zu Hause will überhaupt nicht wachsen.« – »Meerschweinchenmist! Oder vom Kaninchen. Im Ernst. Wirkt ganz toll. Ich klaub' das Zeug so aus der Spreu raus. Bei Trockenheit etwas angießen. Und die Clematis zieht ab.« – »Könnten Sie mir mal eine Tüte voll schicken?«

Schon am zweiten Tag zeigt sich, daß die leeren Plätze im Bus nicht verschenkt sind. Auf ihnen reisen die Schnäppchen in Töpfen und Tüten mit: Duftgeranien, Lilien, Mohn und das bescheidene efeublättrige Zimbelkraut, das sich gern in Mauerritzen aufhält. Das grüne Ethos verbietet natürlich, etwas abzuknipsen oder auszugraben, aber die dänischen Gärtner sind auf Besuch eingerichtet und führen viele Pflanzen wohlfeil im Sortiment. »Ich fahre nie ohne Beutesack«, sagt Frau W., die bei Knud Hansen einen kleinen Baum namens *Clerodendron trichotomum* gekauft hat. Sie strahlt. »Mein Mann wird wahnsinnig.« – »Wie fanden Sie denn die Gärten Hansen?« – »Na ja, der zweite war ja wohl ein bißchen spießig.«

Knud und Carl Hansen sind Nachbarn. Knud, früher Stadtgärtner in Odense, weißes Borstenhaar und Pfeife, unterhält seit 35 Jahren eine Liebesaffaire mit Gehölzen. 400 Bäume sind es inzwischen auf einem Hektar, und sie wachsen ihm und seiner Frau allmählich über den Kopf: Lärche, Taschentuchbaum und Pimpernuß, Blauglokkenbaum, Schein-Kamelie und Sommermagnolie – empfindliche Schönheiten, die sich, dicht beieinander stehend, gegenseitig vor Wind und Frost beschützen, zusätzlich ummantelt von Hortensien, Schneeball, Hartriegel und chinesischem Flieder. Hinter jeder Biegung des Rasenwegs lauert eine neue Überraschung: ein Teich, umgeben von den Riesenfächern der Gunnera, ein Gewächshaus mit Wein und Feigen, ein versunkener Sitzplatz, in dessen Mauerritzen Kakteen gedeihen. Die Hansens sind nur zu zweit, aber sie haben in jedem Winkel, den ihr Arboretum noch nicht verschattet, Gartenstühle aufgestellt, um bei plötzlichem Sonneneinfall sofort angemessen reagieren zu können.

Zum Nachbarn Carl führt ein Pfad durch ein Tannendickicht, das Knud angelegt hat. Haus und Garten dieses zweiten Hansen liegen hinter einer dichten Hainbuchenhecke zwischen flachen Feldern wie auf dem Präsentierteller. Wo bei Knud das Großformat herrscht, hat Carl sich auf kleine Maßstäbe eingelassen. Fuchsien, Geranien und Dachwurz. Hinter seiner Hecke klingt ein überraschendes Thema an: Japan in Dänemark. Nun gleicht der originale fernöstliche Garten ja eher einer stillen Bühne: große Steine, die wie Inseln im welligen Meer aus gerechtem weißem Kies liegen; niedrige Koniferen, die metaphorisch für einen Wald stehen, Moos und weiches Wasser in Bewegung. Aber vielleicht ist Fünen für so ein Stilleben einfach ein bißchen zu stürmisch. Das Bambus-Windspiel klappert in der steifen Brise; der Wasserstrahl schießt wie aus dem Kran ins steinerne Becken. Genormte Platten fassen den Teich ein. »Das ist doch keine dänische Gartenkultur!«, beschwert sich Frau M. Also jetzt ein Schloß!

»Wir wollten alle nach Egeskov fahren. Ich war dabei, doch vor dem Tor verlor die Gräfin Scheel ihren Schirm. Wir hielten an; bei der Gelegenheit stieg ich aus dem Wagen und sagte, daß der Wind für meine Zähne zu heftig sei«, schreibt Hans Christian Andersen an einem Julitag vor hundertsechzig Jahren in sein Tagebuch. Die Damen, die auf dem Parkplatz von Egeskov aus dem Bus steigen, halten ihre Schirme besser fest als die Gräfin Scheel und streben dem runden Eibenlabyrinth zu, in dessen Mitte, wie in einem geschützten Hafen, zarte Stauden zwischen Buchsbaumkränzen blühen. Das Schloß, das auf vielen hundert Eichenpfählen in einem See errichtet wurde, hat »so viele Fenster wie Tage im

Jahr, so viele Türen wie Wochen, so viele Schornsteine wie Monate«, zitiert Andersen aus dem Atlas des dänischen Theologen Pontoppidan. Die Familie Ahlefeld-Laurvig-Bille, die seit 1784 im Besitz dieser romantischen Immobilie ist, wohnt heute im Wassergeschoß auf Augenhöhe mit dem Spiegel des Sees. Erst wenn die Touristen abends verschwunden sind, nehmen sie auch Salon und Jagdzimmer weiter oben wieder in Besitz.

Das Problem mit der Zugluft haben die Altvorderen bereits mit einer zweihundert Jahre alten und acht Meter hohen Hecke um den Küchengarten gelöst. Sie zu schneiden, dauert vierhundert, das Laub wegzuräumen, dreihundert Stunden. In ihrem Schutz wachsen alte Apfelbäume, pummelige Pfingstrosen und stämmige Fuchsien. »Bitte rühren Sie die Pflanzen« steht an den Beeten, und so reiben Herr Grabener und seine Ladies mit ausdrücklicher Erlaubnis die Blätter von Katzenminze und Lavendel, Ysop, Pimpernelle und Muskateller-Salbei zwischen den Fingern und halten sie unter die Nasen. »Haben Sie eine Idee, wie ich meine Minze bändigen könnte? Sie krautet mir den ganzen Garten ein.« – »Minze nur in Kübeln! Können Sie auch eingraben, wenn der Topf unten offen ist.«

Nicht einen, sondern sieben Gärten hat Tove Sylvest im Laufe ihres langen Lebens angelegt. Jetzt ist sie 84, ein bißchen unsicher auf den Beinen, aber ihre Augen funkeln, und sie spricht mit diesem entzückenden Akzent, der dazu beiträgt, daß alle Welt die Dänen für nette Leute hält. »Welcome zu die Stelle, wo Fünen am schönsten ist.« Nämlich südlich von Assens und mit Blick auf die

Ostsee. Um ihr Haus mit dem tiefgezogenen Reetdach gehen sieben Anlagen sanft ineinander über: ein finnisches Birkenwäldchen, ein französischer Rosenhof, eine schwedische Granittreppe mit Heidekraut und Wachholder hinunter, eine Schweizer Treppe mit alpinen Pflanzen wieder hinauf, ein pompejanisches Wasserbecken, ein englischer Rasenweg und eine dänische Blumenwiese. Nicht mitgezählt ist ein großer Gemüsegarten. Es sind 18 000 Quadratmeter. Auf dem Pflanzplan stehen 539 Spezies, die sich die Gärtnerin nicht mehr alle merken kann. »Ich darf nicht sterben«, sagt Frau Sylvest, denn wer weiß, was dann aus »de 7 Haver« wird. Von den Rändern her schleicht sich die Wildnis an, um Rosen und Zuckererbsen zu verschlingen. Es sieht verwunschen aus, aber Frau Sylvest weiß, daß dies ein transitorischer Zustand ist, der dem Untergang eines Gartens vorausgeht.

Frau W. hat inzwischen ihre Hosen hochgekrempelt und ihre hellblauen Garten-Gummischuhe übergestreift. Es regnet in Strömen, als die Reisegesellschaft die Insel Seeland erreicht: Louisiana, ein Museum für moderne Kunst und ein Skulpturengarten bei Humlebaek am Øresund. Das Wasser perlt über die glatten Steinhäute der Plastiken von Henry Moore, Max Ernst und Jean Arp. Die Gesellschaft sitzt im Museumscafé auf Augenhöhe mit den Wolken. Kierkegaards Vater soll bei diesem Wetter den Herrgott verflucht haben.

Es schüttet in Frederiksborg, dem stolzen Barockgarten, den Frederik IV. 1720 anlegen ließ. Es traf sich damals günstig, daß kein Krieg zu führen war, und die Soldaten in der Kaserne herumlümmelten. »So, sagte der

König, jetzt geht ihr mal eben hinters Schloß und fangt an zu schaufeln«, schildert Herr Grabener den Weg von Schwertern zu Schippen. Geschaufelt wurde nach französischer Art, streng symmetrisch und längs einer zentralen Achse, auf der sich eine Wasserkunst mit Kanälen, Kaskaden und Springbrunnen in langen Stufen bis hinunter zum Schloßteich ergoß. An der höchsten Stelle erhob sich die Figur des Apollo, von Delphinen umspielt, die in hohem Bogen Wasser speien sollten. Da aber die Kunst des Pumpens noch nicht so weit wie die des Grabens entwickelt war, sabberten die Statuen leise vor sich hin, was den großartigen Eindruck ein wenig verwässerte. Zur Seite des Kanals schütteten die Soldaten Schanzen auf für Lindenalleen, Boskette und ein Parterre mit den königlichen Monogrammen in scharf geschorenem Buchs auf hellem Kies. »Alles war im Garten des Kaisers auf das scharfsinnigste ausgegrübelt«, wie Hans Christian Andersen im Märchen von der Nachtigall schreibt. Leider waren die dänischen Könige nicht so reich wie der Kaiser von China, und schon 40 Jahre später wurden die Kaskaden geschleift, der Garten schoß ins Kraut und verwilderte.

Erst 1993 begann man mit der Restaurierung, pflanzte 65 000 Buchsbäumchen und 7000 Hainbuchen, schnitt den alten Linden einen Pilzkopf und trimmte 166 Taxuspflanzen zu Pyramiden. Fingerhut und Lilien stehen wieder als Solitäre in den Bordüren ums Parterre – keine formlose bunte Masse, sondern eine große Zahl von Individuen –, so, wie sich die bürgerliche dänische Gesellschaft im Zeitalter der Aufklärung verstand.

Damit ist die Reisegruppe bei der Gartenkultur angelangt, die Nadelgehölz und Heckenwände übersteigt. In's Offene, meine Damen! Auf die Insel Møn. Daß sich die Regenwolken verzogen haben und der Wind schweigt, befördert den Eindruck von Heiterkeit und Harmonie. Saubere Welt unter der Sonne, glänzende Felder, reinliche Kühe, blinkende Fensterscheiben. Schon 1784 hat der Oberkammerjunker Antoine de la Calmette auf Møn die glückliche Verbindung von Gartenkunst und Gartenlust gefunden. Über Kreideklippen, die aus dem perlmuttschimmernden Meer aufsteigen, legte er einen romantischen Landschaftspark an, erbaute darin ein reetgedecktes weißes Schlößchen im hellsten, luftigsten Klassizismus und benannte alles nach seiner lieben Frau: Liselund. Die Calmettes standen mit ihrem Salon im Grünen an der Spitze der Bewegung: Zurück zur Natur. Alles war aufs zierlichste bestellt. Zwar sprossen die Buchen und Edelkastanien, die heute turmhoch das Schlößchen und die Pavillons überragen, noch als grüne Reiser, die der Gärtner vor Schafen und Karnickeln schützen mußte, aber es gab einen Teich, sanfte Hügel, die zu umrunden immer neue Ausblicke versprach, und die »Teufelsschlucht« zum Strand hinunter. Man spazierte mit den Gästen vom Schweizerhaus zur Norwegerhütte (mit pompejanischem Interieur); Bücher, Picknickkörbe und Schirmträger immer dabei, zitierte Rousseau und kehrte zum Tee im chinesischen Pavillon ein, von dessen Decke ein grauseidener Zelthimmel wölkt. In Liselund lag die ganze Welt in einem dänischen Garten.

Herbst

Zeig mir deinen Vogel

Eleanor Perényi

Was Vögel betrifft, so gibt es verschiedene Denk-Schulen. Die kommerzielle Landwirtschaft lehnt sie ab, weil sie an Obstbaumknospen, Beeren, Sämlingen, sogar an Blumen Schaden anrichten. Andere halten dagegen, daß sie Schädlinge in Schach halten und damit das natürliche Gleichgewicht im Garten erhalten helfen. Wieder andere möchten sie aus sentimentalen Gründen nicht missen.

Ich teile alle diese Standpunkte in gewissem Maße. Der Eichelhäher gehört zu den gefiederten Feinden, wenn er die Eier aus dem Nest des Rotkehlchens raubt und die Katzen anzetert. (Ich ziehe die Katzen vor). Ich werde wütend, wenn Vögel sich über die Erbsen hermachen oder den Grassamen wegpicken. Doch schätze ich das Gurren der Tauben, den Dompfaff, der dem scheidenden Tag einen Pfiff hinterherschickt, die seltenen abendlichen Besuche von Kernbeißer und Bluebird [1], die mir das unverdiente Gefühl geben, auserwählt zu sein.

Seit einiger Zeit mache ich mir Sorgen um die Vögel, und in den letzten Jahren habe ich Schritte unternommen, um sie anzulocken. Zum Beispiel habe ich die Vogelscheuche aus dem Gemüsegarten entfernt, die mir sowieso schon länger unliebsam ins Auge stach. Angetan mit meinen abgelegten Kleidern, war diese Gestalt so etwas wie eine zunehmend ruinöse Ausgabe meiner selbst geworden, und obwohl sie die Vögel nicht wirklich verscheuchte, erschreckte sie mich mit der Zeit zu Tode.

Ich habe Futterhäuschen aufgestellt und einen Nistkasten für Zaunkönige – unbeachtet bis auf den heutigen Tag – aufgehängt. Ich habe eine Rokoko-Vogeltränke aus Muschelschalen konstruiert und beerentragende Büsche gepflanzt. Aber ich bin noch lange nicht davon überzeugt, daß irgendeine dieser Maßnahmen wirksam ist. Die Qualität der gefiederten Bevölkerung nimmt eindeutig immer mehr ab, denn während sich die Stare, Spatzen und Cowbirds[2] multiplizieren, zähle ich immer weniger von den wünschenswerteren Arten.

Obwohl ich, streng genommen, keine Vogelbeobachterin bin, schreibe ich mir gelegentlich auf, wer wann im Garten erschienen ist, und daraus ersehe ich, wie sehr die Vielfalt in den letzten zehn Jahren geschwunden ist. Nur die Zähesten gewinnen den Kampf gegen Umweltverschmutzung, Pestizide und die langsame Zerstörung ihrer Lebensräume. Im Angesicht dieser Bedrohungen sind meine Bemühungen rührend unzulänglich. Wenn der Bluebird, der nach Thoreaus schöner Formulierung »den Himmel auf dem Rücken trägt«, in unserem Teil von Neuengland so selten wie der Vogel Roc wird, liegt das nicht an mangelnden Vogelhäuschen, sondern daran, daß er nicht zu den Tüchtigsten gehört, die der feindlichen Umwelt, die wir geschaffen haben, trotzen kann. Ich habe eine Truppe Pfadfinder beobachtet, die Bluebird-Nistkästen in den Bäumen der Straße aufhängten, die uns mit der Fernstraße 95 verbindet. Ebenso gut hätten sie Wigwams bauen können, um Indianer anzulocken. Die Vögel und die Indianer verschwinden aus ähnlichen Gründen.

Das heißt natürlich nicht, daß man die Sache der Vögel verloren geben sollte, aber ich bin doch skeptisch, ob wir auch das Passende zu ihrer Rettung anstellen, oder ob unser Eifer, wie so oft der Fall, nicht eher fehlgeleitet ist. Ich erinnere mich des Purpurschwalben-Booms vor ein paar Jahren. Plötzlich hallte es durch jede Natur- und Gartenzeitschrift, daß die Purpurschwalbe 5000 Stechmücken pro Stunde vertilge, und es erschienen Anzeigen für Schwalbenhäuschen. Es gab sogar ein Purpurschwalben-Mitteilungsblatt. Keine Rede davon, daß Stechmükken gar nicht zu den Plagen vieler Gemeinden gehören, und daß die Schwalben, angelockt von den neuen Quartieren, infolge eines Mückenmangels hungern könnten. Diejenigen, die bereits Schwalbenhäuschen besaßen – spätviktorianische Villen, hoch oben auf langen Pfosten befestigt – lächelten, als die übrigen moderne Häuschen als Bausatz bestellten. Auch ich kaufte einen und begann, ein schreckliches Objekt zusammenzuleimen. Roh sah es wie ein billiges Motel aus; blau und weiß gestrichen sah es wie ein billiges griechisches Motel aus und mußte weggeworfen werden. Erst dann dachte ich daran, die Besitzerin eines echten antiken Schwalbenhauses zu fragen, ob die Vögel es je bezogen hatten. Sie erwiderte liebenswürdig, daß sie seit Jahren keine Purpurschwalbe mehr gesichtet hätte.

Die Schwalben-Manie ging vorbei, und ich glaube nicht, daß die Vögel enttäuscht waren, als ihre zeitweilige Beliebtheit schwand. Schlauer als die Menschen, widerstanden sie der Versuchung, in häßliche neue Häuser und an Orte zu ziehen, wo das Nahrungsangebot nicht ausreichend war. Aber sie hätten es tun können, und das bringt mich zum nächsten Punkt: Ich bin mir ganz und gar nicht sicher, ob die Vermehrung von Futterhäuschen so eine gute Idee ist. Vögel zu füttern löst ein schönes Gefühl aus; so wie Care-Pakete in arme Länder zu schicken. Es mag vielleicht hilfreich für die Vögel sein, vielleicht aber auch nicht. Ein Vogelleben folgt anderen Gesetzen als den unseren. Es kann nicht sein, daß die Natur völlig von den Menschen abhängt. Wenn das eintritt, hört sie auf, natürlich zu sein, und wir müssen uns etwas anderes überlegen. Ich bin nicht einmal sicher, daß das Füttern den unmittelbar gefährdeten Arten weiterhilft.

Denn *sie* sind es ganz bestimmt nicht, die an die Futterhäuschen kommen, sondern eine anspruchsvolle Bande fauler Feinschmecker, die nur vom Besten nimmt. Wie, kein Distelsamen heute!? Die Stieglitze, denen es egal ist, daß das Pfund einen Dollar kostet, fliegen weiter. Die Dompfaffen wiederum wünschen Sonnenblumenkerne. Fertigmischungen interessieren diese heikle Kundschaft nicht, die weit davon entfernt ist, ihre Hausaufgaben zu machen und die Insekten im Garten zu verputzen. Bald werden sie vergessen haben, für sich selbst zu sorgen. Kurzum, soweit ich das überblicken kann, füttere ich entweder eine Barbarenhorde von Atzeln, Staren etc. oder ich verzärtele ein paar Haustiere und richte in jedem Fall mehr Schaden an als Nutzen.

Wie ernst die Lage ist, erkannte ich erst kürzlich, als meine geliebte Katze gestorben war. Sie war nie auf die Jagd gegangen – wie alle meine Tiere war sie zu gut gefüttert worden, um sich die Mühe zu machen. Aber ihre

Gegenwart hatte die Vögel wohl in gewissem Maße eingeschüchtert, denn die Nachricht von ihrem Tod brachte sie alle herbei; es fehlte nicht viel und sie hätten sich im Haus breitgemacht.

Dompfaffen bauten ein Nest in der Nähe unseres Sitzplatzes auf der Veranda. Purpurgimpel bauten eins in dem tunesischen Vogelbauer, der dort unter der Decke hängt. Die folgenden Wochen waren nervenzerrüttend. Wir konnten weder die Hecke schneiden noch den Rasen mähen. Ein lang erteilter Auftrag an die Maler, das Haus zu streichen, mußte verschoben werden. Niemand wagte, sich auf die Veranda zu setzen – es machte die Gimpel-Eltern nervös. Das Flüggewerden der jungen Dompfaffen war die reinste Qual, aber irgendwann schafften sie es.

Nicht so die Purpurgimpel. Sie fanden ihre Drahtmoschee so schön, daß sie nicht daran dachten, auszufliegen. Sie lernten sogar, auf die Schaukeln zu klettern und flohen kläglich in die Kuppel, wenn die Alten versuchten, sie herauszulocken. Natürlich fütterte ich sie, als ich sah, daß ihre Eltern es vernünftigerweise nicht mehr taten. Und da erkannte ich endlich, wohin mich mein Heiliger-Franziskus-Komplex führte. Ich hörte auf, ihnen Würmer auf die Schwelle zu legen, und eines nachmittags war der Käfig leer. Das war knapp. Noch eine Woche länger und die kleinen Gimpel wären so zahm gewesen, daß sie jeden Morgen an meine Tür geklopft hätten. Sie wären meine Haustierchen und für alle Zeiten von mir abhängig geworden.

1 *Sialia sialis*, Rotkehlhüttensänger
2 *Molothus ater*, Braunkopf-Kuhstärling

Der Gips, die Wutz, die Schalotte und die vergessenen Früchte

Bernd Fritz

Madeleine Jakits zugedacht

Casola Valsenio, Brisighella und Riolo Terme liegen in zwei Tälern des Etruskischen Apennin, der kurz vor Faenza und knapp dreißig Kilometer vor der Adria die Füße einzieht. Auf den ersten zwei-, dreihundert Höhenmetern erinnert er an den südlichen Westerwald, jedenfalls was die lichten Täler, die weder allzu gewundenen noch zu steilen Straßen sowie die ausgewogene Verteilung von Wald und Feld betrifft. Freilich geht es höher hinauf, auf tausend und mehr Meter, und wer in Brisighella die Bahn nimmt, erfährt nicht nur, daß es über den Apennin durch fünfzig Tunnels geht, sondern daß man in weniger als neunzig Minuten in Florenz ist. Dergleichen läßt sich von Westerburg nicht behaupten. Auch sorgen anstelle von Wiesen, Kornfeldern und Kartoffeläckern Aprikosen- und Nektarinenhaine, Weinberge und Kiwi-Plantagen für Laune und Appetit. Farblich gemästet wird das Auge durch die schöne Sitte der hiesigen Winzer, Klatschmohn zwischen die Rebzeilen zu säen, und den Ginster, der hier allerdings auch nicht gelber blüht als im Westerwald.

Kräuterfreunde kommen im Lehr- und Forschungsgarten von Casola Valsenio auf ihre Kosten, der 460 Arten von Küchen-, Heil- und Parfümeriekräutern kultiviert. In Riolo Terme sprudeln die Heilquellen im Dutzend, und in Brisighella füllt man das derzeit beste Öl Italiens ab. Es heißt ›Nobil drupa‹ und wird aus einer Seltenheit, der winterharten Olivenart *Ghiacciola* gewonnen. In Deutschland ist es für rekordverdächtige € 39 den halben Liter zu haben. All dies ist nicht nur bemerkens-, sehens- und genießenswert, sondern, bei moderaten Unterkunft- und Gastronomiepreisen, für manch einen auch Grund genug, dafür ein gut Teil des Jahresurlaubs zu verwenden. Was aber den Garten- und Agrargenußspecht hierher lockt, steht nicht nur auf einem anderen Blatt, sondern auf einem ganz besonderen Boden.

Der Gips

Die Chemie kennt ihn als wasserhaltigen kohlensauren Kalk und schreibt ihn $CaSO_4 + 2H_2O$. Die Geologie kennt ihn als Gestein, die Menschheit lernt ihn nach Arm- und Beinbrüchen kennen. Die Bewohner von Riolo Terme, Brisighella und Casola Valsenio laufen darauf herum. Denn der Grund, dessen Besitz sie sich teilen, ist eine gewaltige Gipsader. Sie ist zwanzig Kilometer lang, im Mittel drei Kilometer breit und 1500 Meter dick. Macht zusammen neunzig Milliarden Kubikmeter, wodurch die Versorgung der Weltbevölkerung mit Teil- und Vollgipsverbänden für die nächsten paar tausend Jahre gesichert wäre.

So eine Gipsader ist eine famose Sache, und die Leute hier können sich zu ihrer »Vena del Gesso« nur gratulieren. Oberhalb der Aprikosenbaumgrenze sieht das Gestein hervor und vermehrt mit Felswänden hier und Geröllflächen dort den Charme der Agrarlandschaft um die Reize des Karsts.

Im Inneren der Vena kann das Bedürfnis nach kaltem Schauder und feuchter Finsternis unter hundertfünfzig Höhlen wählen; das Interesse am Bergbau unter mehreren Gruben, stillgelegten wie aktiven. Der Abbau geschieht im sogenannten Pfeilerbau, will heißen, man läßt in bestimmten Abständen einfach Teile des Gipslagers stehen, die dann wie die Pfeiler eines Gewölbes Stollen und Berg vor dem Einsturz schützen. Eine Methode, die jedem Kohlekumpel Tränen des Neids in die Augen treibt und dem Besucher den unvergeßlichen Eindruck eines ungeheuren Kellers verschafft.

Und wie weich und leicht dieses Gipsgestein ist, jedenfalls im Vergleich mit Erz oder Marmor. Man kann es mit dem Fingernagel ritzen, und im Nu ist, auch ohne Maschinen, ein Loch in den Berg gehauen und eine Fuhre voll geladen. Versteht sich, daß dieses Material bei den Winzern besonders beliebt war. Nicht nur konnten sie ihre Weinkeller ohne kostspielige Ausmauerung kurzerhand in den Gips hineintreiben, sondern den Abraum auch noch gut verkaufen.

Die Erkundung des Gipsaderinneren, der Höhlen und stillgelegten Gruben mit ihren unheimlichen Seen, in denen weder Lurch noch Alge lebt, ist unter Aufsicht möglich und kostet mitunter Eintritt. Freier bewegen kann man sich draußen, auf der Ader. Sie ist mit einem System von Wanderwegen versehen, und ein großer, unbesiedelter Teil wurde zum Naturschutzgebiet erklärt. Den Kontakt zur Unterwelt halten zweihundert Dolinen, tiefe Erdtrichter, die mit Zäunen gesichert sind. Diese allerdings sind überwindlich, und darauf, daß kein Loch übersehen wurde, will hier nicht einmal die Polizei wetten.

Die tiefste Doline mißt immerhin 172 Meter, und Fallensteller, die auf Rehe und Stachelschweine gehen, haben hier geringeren Seltenheitswert als Anemonen, Sperber oder das Marienglas. Letzteres ist ein reiner, leicht perlmutterglänzender Gipskristall, der manchmal im Ton oder in den Hohlräumen der Gipsberge wächst. Er läßt sich in flache Scheiben spalten, die früher als Fensterglas verwendet wurden, und galt wegen seiner Reinheit als Sinnbild der Keuschheit. Auch Jungfernglas oder Fraueneis genannt, pflegte man damit Bilder der Heiligen Jungfrau zu schmücken. Einen dieser Kristalle zu finden, gehört zu den Glücksmomenten jeder Wanderung durch die »Vena del Gesso«. Er muß ja nicht gerade auf dem Grund einer Doline gelegen haben.

Die Wutz

Neben Gehbehinderten und Klaustrophoben gibt es eine dritte Gruppe von Mitmenschen, denen man vom Betreten des Gipsgebiets abraten sollte. Es sind jene Zeitgenossen, die ihren Urlaub nutzen wollen, um endlich einmal zwei Wochen (oder auch nur eine) ohne Fleisch durchzuhalten. Sie werden unglücklich. Nicht schlechthin wegen der Salami, des Schinkens, der Coppa und der Pancetta, sondern weil diese luftgetrockneten Geniestreiche der italienischen Kulinarik hier von einem extrem appetitmachenden Vieh stammen: der Mora romagnola. Die »Schwarze aus der Romagna« ist ein Schwein, das so ziemlich alles in sich vereinigt, was der das Authentische suchende Reisende sowohl wie der bewanderte Genußmensch schätzen.

Zum einen wartet das Fleisch mit Eigenschaften auf, die sonst von einem einzelnen Tier nicht verlangt werden können: es ist, wie von einem fetten Hausschwein, zart und saftig, aber zugleich dunkel und bißfest wie vom Wildschwein. Die Mora nämlich zeichnet sich durch großen Bewegungsdrang und eine starke Neigung zum Fettansatz aus. Sie braucht Platz, zehn Tiere mindestens einen Hektar, Luft und Schlamm. Anderthalb Jahre vergehen bis zur Schlachtreife, und auch im Schlachtgewicht (vier Zentner) liegt sie beim Doppelten eines normalen Borstentiers. Boxenhaltung, gewinnträchtiges Schicksal zahlloser Schweine und Grund für viele Verbraucher, auf dieses Fleisch zu verzichten, ist mit dem sensiblen Schwergewicht nicht zu machen.

Zum andern handelt es sich selbstverständlich um eine autochthone Schweinerasse, die überdies vom Aussterben bedroht war, und von Slow Food, den grünen Viktualienwächtern, unter Schutz gestellt wurde. In den fünfziger Jahren noch bevölkerten die schwarzen Wutzentiere den Apennin in den Provinzen Ravenna und Forlí. Eine Zählung im Jahr 1949 kam auf 22 000 Stück, in den Achtzigern waren es noch zwei. Sie gehörten Mario Lazzari, dem letzten Bauern, der an den unrentabel gewordenen Boxenverächtern festhielt. Aus dessen letztem Pärchen sei dann, geht die Sage, die Rasse wieder zu bescheidener Verbreitung gelangt. Giuseppe Cavallari, Metzger in Brisighella, sieht die Sache etwas anders. Lazzari habe die Mora zwar als letzter gezogen, dann aber ebenfalls aufgeben. Er, Cavallari, hingegen und ein Freund, der Wirt des benachbarten Restaurants »Tre Colli«, hätten sich auf die Suche gemacht und vor sechzehn Jahren bei dem Dorf Marradi, auf der florentinischen Seite des Apennin, einen Eber gefunden und bei Forlí eine allerdings nicht ganz reinrassige Sau. Aus diesen beiden sei dann durch konsequente Zuchtwahl die reine Mora-Rasse wieder erstanden.

Eine Geschichte, der man um so geneigter zuhört, je mehr der Metzger von seiner Pancetta aufschneidet und von einem Speckgebilde namens Guanciale, das sich als geselchte und luftgetrocknete Mora-Schweinebacke herausstellt. Sein Freund, der Wirt, stellt einen kühlen hiesigen Trebbiano dazu, zwar nicht gerade die autochthonste Rebsorte, aber doch ein Weißwein, wie er besser zu den schwarzschweinernen Antipasti nicht passen könnte. Über seine Küche wie über die Gipsader-Gastronomie insgesamt ließe sich viel Gutes berichten. An dieser Stelle mag ein Satz genügen: Wo Kardinäle essen, ißt man nicht schlecht. Im »Tre Colli« tut es der Kardinal Silvestrini.

Schade nur, daß Metzger wie Wirt nicht auch die Leistungen der anderen Züchter anerkennen. So entgehen dem Kardinal samt der profanen Kundschaft die Bäckchen einer ganz besonderen Mora-Population. Es sind die Schweine von Mario und Marzia Guaducci. Sie leben in einem wahren Wutzenparadies, und das Bauernehepaar aus Brisighella gilt als derart vernarrt in seine Tiere, daß böse Zungen schon von der Entwicklung einer zweibeinigen Mora reden. Dabei hatten die beiden lediglich eine schweinefreundliche Idee geboren. Als ihnen die Arbeit zuviel wurde und eine große Aprikosenplantage nicht mehr bewirtschaftet werden konnte, standen sie vor ihren Bäumen und der Frage: Ausreißen oder stehenlassen? Sie entschieden sich für die weniger anstrengende Alternative. Mit der Folge, daß 36 begeisterte Schweine nach Herzenslust in einem fünf Hektar großen Aprikosenhain herumspringen, -wühlen und -suhlen und alles fressen dürfen, was von den Bäumen herunterfällt: Blüten, Blätter und sämtliche Aprikosen. Zugefüttert werden Gerstenschrot und Kräuterheu, und nach der zweiten Aprikosensaison, wenn im Herbst das letzte Blatt gefressen ist, wird geschlachtet. Nun will niemand behaupten, im frischen wie geselchten Fleisch das Aroma romagnolischer Aprikosen zu erschmecken; aber die Vorstellung ißt bekanntlich mit. Und von der Salami, dem Schinken, der Coppa und der Pancetta eines autochthonen schwarzen Aprikosenschweins zu kosten, vom Guanciale nicht zu reden, ist entschieden mehr als ein Kardinalvergnügen.

Die Schalotte

Ein gesegneter Landstrich zeichnet sich dadurch aus, daß der oder die für den Segen Verantwortliche auch die fluchwürdigen Seiten mancher Segnung berücksichtigt. Wider die Folgen des unvermeidlichen Übermaßes an Schweinebackenverzehr haben Gott oder die Natur neben den Heilquellen auch eine Pflanzenart hierher dirigiert, die den hoffnungsfrohen Beinamen »Besen für den Darm« trägt. Botanisch gesprochen ist es *Allium ascalonicum*, die Schalotte, italienisch *il scalogno*. Salopp gesagt, eine Allerweltszwiebel – und schon hätte man sich am liebsten auf die Zunge gebissen. Nicht, daß man umstandslos in eine Doline geworfen würde, aber der Protest der Schalottenbauern schmerzt doch gehörig, vor allem wegen der fast mitleidigen Nachsicht, mit der dem fremden Banausen die Dimension seines Fauxpas' aufgezeigt wird.

Was einem da, frisch aus der Erde gezogen, beim bloßen Riechen in der Nase beißt wie japanischer Meerrettich, ist die welterste Küchenzwiebel mit geographischem Ursprungsschutz. Als »Scalogno di Romagna IGP« wurde sie am 24. November 1997 unter der Nummer 2325/97 in das Register für Ursprungsbezeichnungen der Europäischen Gemeinschaft eingetragen und steht, mindestens in dieser Hinsicht, in einer Reihe mit Champagner und Cognac, Parmesan aus Reggiano, Essig aus Modena und anderen lukullischen Eminenzen. Gelungen ist dieses Kunststück einigen weitsichtigen Bürgern von Riolo Terme, das genau im Zentrum des abgegrenzten Anbaugebiets liegt. Zehn Bauern, die das Siegel der »Indicazione Geografica Protetta« (IGP) besitzen, produzieren jährlich rund dreihundert Doppelzentner und können trotz eines Kilopreises von € 2,50 die Nachfrage kaum befriedigen.

Seinen Namen hat *Allium ascalonicum* von der antiken Stadt Askalon in Judäa. Von dort sollen Kreuzfahrer die Schalotte ins übrige Europa, namentlich nach Frankreich und Deutschland, gebracht haben. In die Romagna aber kam sie, nach den Worten von Giorgio Visani, Obmann der Ursprungsschützer und Kräutersammler aus Riolo Terme, bedeutend früher. Seit dreitausend Jahren fege sie nachgewiesenermaßen wenn nicht romagnolische, so doch romanische Därme – nur unwesentlich später als die Eingeweide des Pharaos Tutmosis III., der Askalon hatte erobern und erstmals in Schrift und Bild festhalten lassen.

In den Genuß dieses historisch wie medizinisch interessanten Liliengewächses kommt man, sofern man die Sympathie eines Schalottenbauern gewonnen hat, zwischen Juli und November. Der günstigste Moment ist die zweite Juliwoche, der Beginn der Ernte; der zweitgünstigste der 1. November, wenn traditionell die Steckschalotten in die Erde kommen und eventuell welche übrigbleiben. Der sicherste Weg ist, sich als rumänischer Erntehelfer auszugeben.

Beachtlich ist das Verhältnis von Erntemenge und Rezeptzahl. Für die erwähnten dreihundert Doppelzentner listet das vierhundert Seiten starke Standardwerk »Lo Scalogno di Romagna« 579 Rezepte auf. Schalotten zu Kalb und Huhn, Stockfisch und Karnickel, Rind und Fasan, Krebs und Strauß, Muschel und Wildschwein – der halbe Brehm ist vertreten, nur ein Tier sucht man vergebens. Die schwarze, geselchte Fettwutz, gemästet mit oder ohne Aprikosen, ist rezeptlos. Ihr sei, nach einer Umfrage unter Mora- wie Zwiebelzüchtern, der Königsweg des Scalogno-Verzehrs vorbehalten: roh, als Digestif.

Die vergessenen Früchte

Der Kräutergarten von Casola Valsenio, der im Unterschied zu den Höhlen und Gipsgruben auch ohne Führung besichtigt werden kann, hat eine Abteilung, in der es nichts zu verreiben und zu beschnüffeln gibt. Es ist ein Wäldchen, eher nur ein Grüppchen von Bäumen, denen man abseits der Kräuterbeete eine Ecke zugeteilt hat wie Rauchern auf dem Schulhof. Aber es sind keine Dissidenten, sondern Asylanten aus den appeninischen Wäldern. Sie tragen Wildfrüchte und waren, ähnlich wie das schwarze Schwein, noch in den fünfziger Jahren stark verbreitet. Den ärmeren Schichten, damals 95 Prozent der Bevölkerung, dienten sie als Obstlieferanten, und die wichtigsten, die Fuchsbirne und der Speierling, fehlten vor keiner Bauernhütte. Als man sich im Zuge des italienischen Wirtschaftswunders dem Edelobst zuwandte und der Bauboom Nutzholz brauchte, wußten schließlich nur noch Naturapostel und Fallensteller um Anzahl und Standort der letzten Bäume. Das Volk vergaß seine Pera volpina und seinen Sorbo, zu schweigen von der Baumerdbeere, dem Azarolbaum und der Brustbeere, deren landessprachliche Namen Corbezzolo, Azzeruolo und Giuggiolo von jüngeren Leuten eher Fußballspielern zugeordnet werden als dem, was ihren Großeltern half, über die Runden zu kommen.

In der »Terre«-Arbeitsteilung mit Brisighella (Wutz) und Riolo Terme (Schalotte) hat Casola Valsenio den Part der »vergessenen Früchte« übernommen. Eine Handvoll Bürger ist dabei, nicht nur wie im Kräutergarten vor Ort museale Erinnerungsarbeit zu leisten, sondern die sämtlich nur wenige Zentimeter großen Früchtchen auch wieder unters Volk zu bringen. Ihr Anführer ist Domenico Ghetti, der mit seiner Frau Elena auf einer Azienda didactica lebt, einem Lehrbauernhof. Diese verdienstvolle

Einrichtung gehört dem Bistum Faenza, samt einem ausgedehnten Wald. Darin hat Ghetti rund fünfzig Sorbo(Speierling)-Bäume geortet, die er lückenlos aberntet. Das geschieht nicht mit Leiter und Pflückkorb oder wie bei Oliven durch Abschlagen, sondern in der sanften, ruhigen Art aller Menschen, die den Wald kennen und von ihm gelernt haben.

Signor Ghetti wartet, bis die Früchte reif sind und sie der Nachtwind von den Bäumen schüttelt. Zuvor hat er das Gestrüpp unter den Bäumen beseitigt und Netze ausgelegt. Ernten würde er indessen kein Stück. Denn er wartet nicht allein. Rehe und Stachelschweine schätzen die gelbroten Speierlinge nicht minder und sind als Waldbewohner klar im Vorteil. Was tun? Fallen stellen? Igitt! Unterm Sorbo Wache halten? Dazu müßte der Mann sich verfünfzigfachen. Seine Lösung machte Domenico Ghetti in den »Terre di Faenza« fast zu einem Heiligen: Er sammelt bei sämtlichen Frisören der Gegend die abgeschnittenen Haare und legt sie um die Netze. »Die Tiere wittern den Geruch des Menschen und fürchten sich!«

Nun mag man sich, wenn nicht im Westerwald, wo es dem Speierling zu kalt ist, so doch im Odenwald oder Pfälzer Wald fragen, wieso um diese sauren, herben Dinger soviel Aufhebens gemacht wird. In der Tat schmeckt, wie sein deutscher Name schon nahelegt, der Speierling zum speien. Allerdings nur nördlich der Alpen, wo er nicht ausreift und bestenfalls verwendet wird, um Apfelwein mit Gerbstoff zu kräftigen. Im Süden aber werden die Früchtchen süß, so daß man sie als Frischobst ißt und ein vorzügliches Gelee daraus macht. Signora Elena serviert die dunkelrote Substanz mit dem intensiven Apfelgeschmack zu jungem Pecorino, und eine Vesper (nach Anmeldung) bei den Ghetti gehört zum angenehmsten, was diese an Annehmlichkeiten reiche Region zu bieten hat.

Von den anderen, noch wesentlich rareren »vergessenen Früchten« kann man auf dem gleichnamigen Fest, der »Festa dei frutti dimenticati« kosten, das am dritten Sonntag jeden Oktobers in Casola Valsenio stattfindet. Ab November kommen die vielleicht vierzig Doppelzentner Sorbo-Speierlinge, die Ghetti und seine Kollegen ernten, zum Verkauf, das Kilo ab drei Euro. Am zweiten Novembersonntag gibt es in Brisighella das Fest der Fuchsbirne, am dritten ist die Trüffel dran und am letzten die Olive. Zusammen mit den restlichen ursprungsgeschützten Schalotten also ein reichlich vegetarischer Monat. Doch brauchen Reisende, die eine ausgewogene Kost bejahen, weder Eiweißmangel zu befürchten noch sich angesichts lärmender Vegetariertrupps in die nächste Doline zu stürzen. Denn in Brisighella hebt, ebenfalls im November, das »Fest des Frischfleischs« an: Metzger Cavallari schlachtet dreißig seiner hundert schwarzen Wutzentiere.

Waxmanns Wut über die Bäume

Reinhard Lettau

Was Waxmann erregte, war der ihm wegen meiner Bäume verwehrte, weite Ausblick aufs Meer, von dem er nur ein Stückchen glitzern sah, wenn er sich, auf eine gefährliche Weise verkrümmt, seitlich nach oben aus einem Fenster herauslehnte. Alles andere, Klagen über meine Person oder die Gewohnheiten von Hausgenossen, z.B. der Hunde, die angeblich am Zaun saßen und vorwurfsvoll in seine Richtung starrten, waren Vorwände, hinter denen er seine Wut über die Bäume, die erbarmungslos war, verbarg.

Für ihn waren sie Widersacher, die ihn daran hinderten, im Anschluß an eine Dinner Party seinen Gästen von einem seiner Balkons aus mit einer ausladenden Bewegung das Meer vorzuweisen. Alles, was Waxmanns Gäste erblickten – und dies, obwohl sein Haus dreistöckig über meines hinwegragte –, waren die allerdings riesigen, strotzend gesunden Bäume in meinem Garten, da mich ein von Bäumen und Büschen nicht unterbrochener, öder Gesamtanblick des Meeres, wie er uns vom flachen Dach eines kürzlich errichteten Hotels oder dumm wie aus einem Flugzeug immer traurig gestimmt hat. Was ich liebte, war der zufällige, verdeckte Anblick des Meeres zwischen Geräteschuppen und Hecke.

Meine Vorgänger, die sich dem Eindruck ergaben, die Natur habe immer Recht, so daß Nachbarliches einander verschlang, eine ganz stille Korkeiche von gierigen Gewächsen, die sich von ihr ernährten, fast erdrosselt war:

meine Vorgänger, falsche Romantiker, schreckten im Garten vor jeder Zensur zurück. So wurden in fünfzehnjähriger Arbeit Sträucher, die in ihrem Leben nie mehr sein wollten als Sträucher, die vom Boden aus Bäume bedrängten, von mir entfernt. Ein Magnolienbaum, mit tellergroßen, duftenden Früchten, der durch undefinierbare gelbliche Gewächse, die bis zur Höhe meiner Schultern emporgestiegen waren, sich in seinem Glück beeinträchtigt fand, wurde durch mich befreit. Die unteren Äste, die teils am Boden verdorrten, mußten aufgegeben werden und es entstand ein weitres grünes Zelt, wo man sich unterhalten konnte. Einer rührenden Kolonie von Kakteen in der Form grasgrüner, mannshoher, dürrer Ypsilons sowie den tintenfischartig verschlungenen Agaven verschaffte ich Luft zum Atmen.

Den hinteren Garten beherrschte ein einziger Pfirsichbaum, der in den letzten Jahren ein oder zwei, aber saftige, weiße Pfirsiche hervorbrachte, den toten Stamm ließ ich stehen. Das gewaltige Steppengras mit den weißen Wedeln, das den Garten fast ganz erobert hatte, drängte ich zurück in ein unregelmäßiges Areal, in das hinein man Nischen und beginnende Pfade schlagen konnte, aber am schönsten war, Richtung Waxmann den Hügel hinauf, mein Wäldchen turmhoher Torrey Pines. Ganz nah beim Haus, so daß man ihn von der offenen, hölzernen Terrasse berührte, war ein Baum, zu dessen Umarmung sich mehrere Männer hätten verabreden müssen. Dieser älteste und vornehmste Baum, von Geburt Mexikaner, da es die Vereinigten Staaten nicht gab, hatte vor hundert Jahren einem seiner wildesten Äste gestattet,

Japanischer Feuerahorn
(Acer japonicum)

quer über den Rasen die ganze Länge des Hauses parallel zur Erde zu wachsen, was über die Jahre hin den Baum selbst genötigt hatte, sich zur Balancierung der Abenteuer des Astes in die entgegengesetzte Richtung zu neigen, dergestalt, daß es dem ungeübten, argwöhnischen Auge so hätte erscheinen können, als sei er im Begriff, auf das Haus von Herrn Waxmann niederzustürzen.

Gerade dieser Baum aber war es, dessen Entfernung Herr Waxmann am meisten ersehnte, obwohl Jesse, mein Gärtner, und ich Anstalten getroffen hatten, einem Unglück, das übrigens in Waxmanns Haus keinen Menschen gefährdet hätte, da der Baum, riesig, wie er war, im Gebälk des Nachbarn zwar krachend, aber gelinde in seinem Fall aufgehalten worden wäre: obwohl also Jesse und ich Anstalten getroffen hatten, einem Unfall durch umständliche Stützungsmaßnahmen zuvorzukommen.

Nun hatte Frau Waxmann auf Befehl ihres Mannes längst Jesse, den auch sie als Gärtner beschäftigte, angewiesen, in ihrem Garten, den ihr Mann durch Errichtung seines ausladenden Gebäudes zum Gärtchen geschrumpft hatte, wie man sie in Japan beim Frühstück neben die Tasse stellt, zum Hinabblicken in eingebildete Spaziergänge: also Frau Waxmann hatte Jesse längst angewiesen, in ihrem drei Schritt langen Gärtchen alles, was Baum werden könnte, zu vernichten, ohne zu wissen, daß er diese ihr aus den Augen geschafften Bäumchen später bei mir einpflanzte. Wie eine Armee im Exil erhoben sie sich hier gegen die ungelittene Heimat, bis es Herrn Waxmann gelang, meinen Mietsherrn, der aus einer Weltgegend stammte, in der es Bäume nicht gibt, zu veranlassen,

Eberesche
(Sorbus aucuparia)

Tulpenbaum
(Liriodendron tulipifera)

mir in Berücksichtigung meiner Weigerung, die Bäume fällen zu lassen, die sofortige Kündigung zuzustellen. Heute ist dort kein Baum mehr, nicht einmal die mannshohe Hecke, die das Haus zur Straße hin abschirmte, noch Olive, Bananenstaude, noch Farn.

Sag' ich's euch, geliebte Bäume,
Die ich ahndevoll gepflanzt,
Als die wunderbarsten Träume
Morgenrötlich mich umtanzt.
Ach, ihr wißt es, wie ich liebe,
Die so schön mich wiederliebt,
Die den reinsten meiner Triebe
Mir noch reiner wiedergibt.

Wachset wie aus meinem Herzen,
Treibet in die Luft hinein!
Denn ich grub viel Freud' und Schmerzen
Unter eure Wurzeln ein.
Bringet Schatten, traget Früchte,
Neue Freude jeden Tag.
Nur daß ich sie dichte, dichte
Dicht bei ihr genießen mag.

Johann Wolfgang von Goethe

Der Kirschenhof

Annegret Held

Der schönste Garten im Dorf war der Kirschenhof.

Er lag mitten drin auf einem Hügel und hatte selbst noch einen Hügel und auf dem Hügel hatte der Kirschenhof noch einen Buckel.

Er gehörte niemandem und hatte nur ein paar rostige Eisenketten um sich herumhängen, die niemand beachtete. Am Eingang standen zwei riesige runde Weißdornbüsche, die den Frühling und den Sommer lang in weißen Blüten standen und mit den Dornen stachen, als letzte und einzige schwache Warnung, den Garten nicht zu betreten, aber das half nicht.

Nichts war so schön, als im Kirschenhof zu spielen. Die wilden Traubenkirschen standen mitten auf dem Hügel und wachten über alles, und um die verschlungenen und versunkenen Wege, Steinplatten und Wiesenstücke wuchsen Liguster und Ebereschen, Holunder und Mädesüß, alles, was im Sommer weiß blühte.

Es war ein schöner Sommer und ich war gerade neun Jahre alt. Wir spielten im Kirschenhof »Verliebt, verlobt, verheiratet, geschieden« und Klaus war »geschieden« und wollte sich im Kirschbaum aufhängen. Wir entdeckten, daß »Aufhängen« noch schöner zu spielen war als »Verliebt, verlobt, verheiratet« und halfen Klaus, auf den Baum zu steigen und sich eine Schlinge aus Farn und Knöterich um den Hals zu wickeln und seine letzten Worte in den blauen Himmel hinein zu deklamieren:

Leb wohl, du elende Welt! Leb wohl, du elende blöde Kuh, die mich verlassen hat, ich werde dich immer hassen und ich sterbe jetzt, das hast du nun davon!

Und Klaus sprang theatralisch vom Ast und plumpste in einen dicken Busch von Vogelbeeren und schrie, was das Zeug hielt.

Wenn man tot ist, dann schreit man nicht mehr, sagte Achim.

Ich hab mir weh getan, du Vollidiot.

Das kommt davon, wenn man mit Mädchen spielt, das geht nie gut!

Hier ist ein komischer Stein. Wie sieht der denn aus.

Wir wollten sehen, auf welchen Stein Klaus gefallen war und krochen allesamt in die Büsche. Unter Büschen war es schön, jeder Busch ein Laubhäuschen und etwas, um sich zu verbergen. Ich liebte es, unter Büschen zu sitzen. Hier aber lag tatsächlich ein grauer, beinahe viereckiger Stein.

Da steht was drauf geschrieben! riefen die Jungens aufgeregt.

Hä?

Der Stein war tatsächlich irgendwie bearbeitet, ganz flach und grau, und es waren Buchstaben eingemeißelt. Wir gaben uns große Mühe, sie zu entziffern, fuhren mit den Fingern durch die Ritzen, lasen laut, was wir zu lesen glaubten und verstanden es nicht.

Wrdlbrmft.

Das sind geheime Botschaften. Hier ist ein Kreuz!

Das Kreuz des Todes! Das ist ein Monolith. Wie bei Odyssee im Weltraum. Die Menschheit geht zugrunde. Endlich.

Vielleicht ist da was drunter. Irgendwas in der Erde.

Das war es. Ein Geheimnis unter der Erde, wir waren auf verborgene Welten gestoßen, vielleicht vergangenes Unglück, vielleicht hatte hier jemand in einer Höhle gewohnt, vielleicht gab es ein unterirdisches Verließ! Wir mußten dem Rätsel auf die Spur kommen, und wir fingen an zu graben und zu wühlen, rissen Wurzeln aus und warfen Steine zur Seite, und Andrea lief noch nach Hause und holte Spaten.

Und was, wenn darunter einer vergraben ist? Ein Mörder oder so?

Schaudernd ließen wir sofort alle die Schaufeln fallen, und Birgit bekreuzigte sich. Und im Augenblick, als wir die Schaufeln fallen ließen, ertönte von unten her auf einmal die Stimme vom alten Schultheiß:

Ey! Was macht ihr denn da oben?

Er schien richtig wütend zu sein, der alte Mann. Aber was wollte denn der Schultheiß von uns, er mischte sich doch sonst nicht ein, er ging von Zeit zu Zeit über den Kirschenhof, schnitt den ein oder anderen Busch kürzer, kehrte das Laub zusammen oder ließ im heißen Sommer mal Wasser aus dem Schlauch spritzen, aber im Grunde ging ihn doch der Kirschenhof gar nichts an. Er gehörte ihm so wenig, wie er irgendjemandem gehörte. Denn er gehörte den Kindern. Der Garten war immer weiß. Im Winter fuhren die Kleinen Schlitten über die Hügel, so oft und so lange, bis das schmutzige Laub unter dem Schnee hervorkam und die Kufen dicke Löcher in die Erde fuhren. Im Frühling gruben sie Regenwürmer aus und spielten »Hans, du stinkst«, im Sommer pflückten sie Kirschen und im Herbst bauten sie Häuschen. Der Kirschenhof war niemals ohne Kinder gewesen.

Vielleicht arbeitete der Schultheiß für den Bürgermeister, er strich ja auch die Bänke von der Bushaltestelle. Eben so Arbeiten im Dorf, wo man lange mit der Schippe in der Hand herumstehen konnte und den Leuten zusehen, was sie so machten. Das war uns auch alles egal, wir wollten ja nur weiter graben und wir wollten dem Schultheiß unser Geheimnis nicht verraten, denn es ging ihn nichts an, er war schließlich erwachsen.

Wir machen gar nichts! riefen wir und rannten in eine andere Ecke und warteten, bis dem Schultheiß langweilig geworden war und er Kaffee trinken ging. Dann liefen wir sofort an unser Versteck zurück und gruben weiter.

Wißt ihr was, hier ist noch einer! sagte Klaus.

Aufgeregt suchten wir weiter. Je tiefer die Büsche sanken, umso eher fanden wir einen Stein. Hier lag einer, da lag einer und dort. Vier. Fünf. Fünf dieser Steine. Eingesunken und über und über bewachsen von Grashalmen, Moos und Gebüsch.

Ge ... lebt ... in ... Frieden ... rune, run ... Ruhe ... sanft

Ein Grabstein! schrie Andrea wie am Spieß. Es ist ein Grabstein!!

Wir sprangen erschrocken zurück. Natürlich, das waren fünf Grabsteine! Wir hockten auf steinalten Gräbern und hätten beinahe einen Sarg und Knochen ausgegraben. Die Mädchen schrien und die Jungens wurden bleich.

Hier sind lauter Tote! Hier sind lauter Tote! Wie kommen die denn dahin??

Wir schossen aus dem Gebüsch und hockten uns erst mal auf die Bank am Holunderstrauch und mußten uns beruhigen. So unheimlich war mir noch nie. Ich hatte auf einem Toten gesessen! Auf Toten schon gefrühstückt! Auf Toten Murmeln gespielt!

Vielleicht weiß das niemand, daß hier so was ist.

Vielleicht hat irgendjemand hier heimlich einen vergraben.

Fünf. Es war vielleicht eine ganze Familie. Man hat eine Familie erschlagen und heimlich hier verbuddelt vor langer langer Zeit und es ist Gras drüber gewachsen und alle haben es vergessen.

Vielleicht waren das die allerersten Einwohner vom Dorf.

Oder nur die, die an der Pest gestorben sind. Wegen der Ansteckung.

Da raschelte es im Gebüsch. Wir erschraken zu Tode. Ein alter Mann mit Kappe und ausgetretenen Stiefeln kam heran, schon wieder der alte Schultheiß. Der sollte doch Kaffee trinken gehen. Hatte der uns etwa belauscht?

Hallo Kinder, sagte er und holte sich eine Zigarette aus dem zerfetzten Futter seiner Jacke. Ernte 23. – Na, was seid ihr so aufgeregt.

Klaus und Achim und ich sahen uns an. Wir waren fest entschlossen, dem Schultheiß nichts zu sagen. Aber Birgit war eine Mimose und verdarb alles und schlotterte vor Angst und rief:

Wir haben Grabsteine gefunden! Ganz alte, da oben beim Kirschbaum, ganz hinten am Zaun!

Der Schultheiß sah auf einmal freundlich aus und kratzte sich im Genick. Seine vielen Falten lagen im Schatten seiner Feldmütze.

Das waren die armen Soldaten, russische wahrscheinlich. Man hat sie hier vergraben. Niemand weiß, wer sie sind, niemand kennt ihre Namen.

Aber ... aber ... hat man die denn hier ermordet?

Sie sind hier gefallen, ja, sie sind hier ums Leben gekommen. Wenn du so willst, hat man sie hier umgebracht.

Es schüttelte uns bei dem Gedanken, daß hier arme, arme Menschen ums Leben gekommen waren, die armen Männer, einsam und allein und ohne Namen bei uns, mitten im Dorf. Vielleicht erschossen von irgendeinem Opa oder Uropa. Wie schrecklich. Wenn es nur nicht mein Uropa gewesen ist.

Warum hat man ihnen denn keine Blümchen hingepflanzt?

Gott, Kind. Das ist alles so lange her. Die anderen haben ja auch keine Blumen mehr.

Was für andere?

Die anderen, die hier liegen, aus dem Dorf. Oben lagen die Soldaten. Und hier liegen rechts und links die Verstorbenen, die vor hundert Jahren hier gelebt haben. Überall, wo es flach ist, war eine Reihe von Gräbern, so ging es Hügel für Hügel aufwärts.

Birgit schüttelte sich.

Aber die Toten liegen doch auf dem Kirchhof!

Die Jüngeren liegen auf dem neuen Friedhof. Die ganz Alten liegen hier.

Aber das hier ist doch der Kirschenhof.

Es ist nicht der Kirschenhof. Es ist der Kirchhof.

Wir starrten den alten Schultheiß an. Das konnte doch nicht sein. War das wirklich wahr? Wir hatten im Sommer auf den Gräbern gespielt und hatten uns im Gras über Knochen gewälzt? Wir waren im Winter den Toten über den Buckel gerutscht? Knochen, überall Knochen?

Hurr, machten wir und schüttelten uns und klapperten bis unter die Zähne.

Alles war verschossen gewesen, und die Gräser und Büsche hatten alles überblüht und überwachsen und dem Vergessen anheimgegeben, die Verblichenen waren so lang schon verblichen, daß man die Kinder darauf spielen ließ, es gruselte uns, oh, wie es uns gruselte.

Es ist nur schade um die alten Grabsteine, sagte der Schultheiß nachdenklich. Man kann nicht mehr lesen, was auf ihnen geschrieben steht. Das sollte man eigentlich mal wieder in Schuß bringen. Alles müßte man mal wieder in Schuß bringen, habe ich ja schon immer gesagt. Aber es war immer so ein schöner Spielplatz für die Kinder.

So sagte er noch. Dann stand er auf und ging nachdenklich davon und sprach immer noch, die Ernte 23 in der Hand, sprach und gestikulierte und ging krummbeinig davon. Er sang dauernd was vor sich hin, lolloo, lolloo ... Der alte Schultheiß. Wir wußten nie, ob wir ihn leiden konnten oder nicht.

Am nächsten Tag hatte jedes Kind eine Mutter, eine Tante, einen Bruder an der Hand und führte sie über den alten Kirschenhof.

Sieh mal, hier liegen Tote! Und sieh mal, da oben! Da liegt ein armer Mensch und niemand kümmert sich und keiner hat seinen Verwandten geschrieben und hier steht doch ein Grabstein ... steht ein ... stand gestern noch ....

Die Grabsteine waren verschwunden. Überall, wo ein Stein gestanden hatte, war ein frisches Loch in der Erde, ein Loch, wo noch kein Laub und keine Vogelfeder hineingefallen war. Stumpf und schwarz und braun sah einem nur Erde entgegen.

Hier haben Grabsteine gestanden und gelegen, ganz krumm, und gestern waren sie noch da!

Die Leute aus dem Dorf sahen sich betreten an.

Das stimmt, hier lagen die armen Soldaten. Hatte ich ganz vergessen. Habe ich auch vergessen. Und jetzt? Wer reißt denn da die Grabsteine raus, das gibt's doch nicht.

Aber die Grabsteine waren verschwunden. Und der einzige, der bis dahin davon wußte, war der Schultheiß gewesen, und der kam nicht wieder. Er saß fortan alleine in seinem Häuschen, oben unter dem Wald, ging am Feierabend mal in seinen Garten, aber im Kirschenhof wurde er nie mehr gesehen. Es hieß, der Schultheiß sei nicht ganz richtig im Kopf. Er singe jetzt nur noch den ganzen Tag vor sich hin. Er sang immer – Lolloo – lolloo.

Und deshalb nannten wir ihn bald den Lolloo-Mann. Manchmal gab es nachts einen lauten Knall beim Lolloo-Mann. Und es raschelte seltsam um sein ganzes Haus herum. Es hieß, daß bei ihm manchmal die Bilder von der Wand fielen und Teller aus den Regalen sprangen.

Daß der Lolloo-Mann Stimmen hörte und sein Tisch zu wackeln anfing, wenn er daran aß.

Eines Tages reichte es dem Bürgermeister. Er nahm sich den Lolloo-Mann und ging mit ihm in die Wirtschaft Bier trinken.

Schultheiß, hör zu, ich will wissen, wo sind die Grabsteine.

Der Schultheiß fing an zu stottern. Und das sei so gewesen, daß es ihm leid getan hätte, wie die Gräber so versunken und schief und schmutzig da gelegen hätten. Und daß er immer hätte wissen wollen, was auf den Steinen gestanden hätte. Darum hatte er die Grabsteine ausgegraben und mit nach Hause genommen. Und wenn er endlich die Buchstaben entziffert hatte, dann wollte er die Steine nach Limburg bringen, nach Limburg an der Lahn, wo man ihnen schöne, neue Goldlettern gab und dann, dann wollte er die Steine wieder dahin stellen, wo sie gestanden hatten.

Aber das ist niemals geschehen.

Nun bin ich lange schon erwachsen, aber der Lolloo-Mann hat die Grabsteine nie wieder gebracht. Er hat immerzu Ernte 23 geraucht und Lolloo gesungen und ist durch das Dorf gewackelt, und die Leute sagten, er hat endgültig den Verstand verloren. Es hat gespukt bei ihm, jeden einzelnen Tag und jede Nacht bis zur letzten seines irdischen Lebens – weil er die Ruhe der Toten gestört und ihnen den Stein über dem Kopf ausgerissen hatte. Da ist er in der Nacht umgefallen und war selber tot und liegt auf dem neuen Friedhof beim dicken Baum.

Heute habe ich aus dem Fenster gesehen, ich kann von hier aus auf den Kirschenhof sehen und er ist wieder voller Kinder. Sie tummeln sich zwischen Dornschlehen und Holunder, buddeln in Schlammpfützen und graben in den Mauselöchern und spielen »Hans, du stinkst.« Es blühen das Wiesenschaumkraut und das Habichtskraut, der Hufeisenklee und der Klappertopf, das Schöllkraut und die Säudistel, alles wächst und grünt und übersteigt sich und wächst zu hunderten von grün umrankten Höhlen und Höhlchen, und über allem wachsen die Kirschen. Daß hier Tote liegen, das wissen die Kinder nicht.

Ich denke heute noch oft darüber nach, warum wir nicht begriffen haben, daß es ein Kirchhof ist. Ich denke, es lag daran, wie man in meiner Heimat spricht. Hier, mitten im Land zwischen Rhein und Dill und Sieg und Lahn, kann niemand richtig Geschichte sagen, oder Märchen, oder Liebchen. Wir hatten keine Kindchen, keine Würstchen, keine Blümchen. Es hieß: Kinderschers, Würschtscher und Blümscher. Und so hat es auch keine Kirchen und Kirchhöfe.

Meine Kindheit war voller Kirschen, eine Kirsche in jedem Dorf, und am Sonntag läuteten in den Kirschtürmen die Kirschenglocken, und es wuchsen Kirschbäume in jedem Garten, die Vögel fraßen Kirschen, sie leuchteten rot und gelb, jeder liebte die Kirschen, es gab Kirschen im Sommer, Kirschen im Winter, es gab Kirschen, Kirschen überall.

Stinkmorchel

Susanne Wiborg

Der Klempner kam im Morgengrauen, behängt mit merkwürdigen Gerätschaften und umweht von jener Aura unangreifbarer Kompetenz, mit der sich die wirklich dicken Rechnungen ankündigen. Am Vorabend hatte das Haus meines Vaters von unten herauf zunehmend faulig zu riechen begonnen. Inzwischen stank es derart bestialisch, daß der Fachmann unverzüglich auf ein geborstenes Abwasserrohr tippte. Finden allerdings konnte er weder das noch irgend etwas anderes. Als er schließlich geschlagen abzog, schien schon die Sonne. Sie strahlte auf des Rätsels Lösung, draußen, direkt vor dem offenen Kellerfenster: ein stolzes, hoch aufgerichtetes Exemplar von *Phallus impudicus*, der Stinkmorchel.

Es war die Vorhut einer Invasion, die den letzten heißen Sommer für meinen geplagten Vorfahren in ein Gartenerlebnis der ganz speziellen Art verwandelte. Selbst unter den Pilzen, diesen seltsamen, ein wenig sinistren Grenzgängern zwischen Tier- und Pflanzenwelt, ist die Stinkmorchel einer der seltsamsten: Ihr Fruchtkörper kommt als Hexen- oder Teufelsei ans Tageslicht, das, hühnereigroß, mattweiß und mit Gallertschicht und Kern, auf unheimliche Weise der Karikatur eines Tiereis ähnelt. Daraus wird der Pilz regelrecht geboren, ein wenig wie die Mini-Saurier im Film »Jurassic Parc«: Die ledrige Außenhaut reißt, und aus dem Spalt erhebt sich, im Zeitraffertempo von zwei Millimetern pro Minute, der stramme Stengel – ein Pilz, dem man beim Wachsen tatsächlich zusehen kann. Zunächst ist er geruchlos, doch wenn schließlich die olivgrüne Sporenmasse außen am Hut als dicker grüner Schleim herabtropft, setzt sie nacheinander gezielt verschiedene flüchtige Stoffe frei, die teilweise miteinander reagieren und mit dem charakteristischen durchdringenden Aasgeruch sporenverbreitende Insekten noch aus großer Entfernung anziehen. Höchste Zeit, den Fliegen zu folgen, um das Objekt ihrer Begierde schleunigst unschädlich zu machen, und dabei über die Frage aller Fragen zu grübeln: Warum? Wie kommt ausgerechnet dieser Zwanzig-Zentimeter-Widerling zu einem Technologie-Vorsprung, der erst mit den Analysemethoden des zwanzigsten Jahrhunderts einigermaßen enträtselt werden konnte? Woher bloß weiß der das?!

Doch, zugegeben: Selbst die größten Wunder der Mykologie verlieren rapide an Faszination, und das Glück, mit der Natur zu leben, relativiert sich, wenn der Garten ständig aussieht wie ein Biologie gewordener Exhibitionistentraum, riecht wie eine nachlässig gereinigte Abdeckerei und bevorzugt als Massentreff für besonders unsympathische Vertreter der heimischen Insektenfauna dient. Woher sie kamen, war leicht herauszufinden: Vor einigen Jahren hatte mein Vater zwar einen großen Mammutbaum fällen, nicht aber dessen ausgedehntes Wurzelwerk roden lassen. Das war jetzt in genau dem Verrottungszustand, den Stinkmorcheln schätzen, ein perfektes Hauptquartier für das ausgedehnte Myzel. Loszuwerden war das nicht mehr, ohne den halben Garten aufzureißen, also blieb nur ein unausgesetztes Spähen nach jenem ominösen mattweißen Schimmer, mit dem sich das nächste Hexenei ankündigte. Auch wenn mein Vater darin schnell Experte wurde – der tägliche Kampf Mensch gegen Morchel zeitigte nicht immer die erwünschten Ergebnisse. Daß nämlich Hexeneier so robust sind, daß sie sich auch außerhalb ihres Mediums ungestört und blitzschnell entwickeln, haben schon viele Ahnungslose schmerzlich erfahren müssen. Jener Biologiestudent etwa, der übers Wochende einige davon ausgerechnet im Kühlschrank seiner neuen Freundin ruhigstellen wollte. Die arme Frau fiel, als sie später die Kühlschranktür öffnete, buchstäblich in Ohnmacht, das teure Elektrogerät war nicht mehr zu retten. Geheiratet hat sie ihn übrigens trotzdem.

Auch für meinen zunehmend entnervten Vater endete der Versuch, ein gutes Dutzend großer Hexeneier an einem sehr heißen Tag via Hausmüll zu entsorgen, als optisches und olifaktorisches Desaster: Wenige Stunden später sah das Innere der biederen norddeutschen Mülltonne, plötzlich voller phallischer Pilze, aus wie die Auslage eines gutsortierten Sex-Shops. Schlimmer noch: unübersehbare Massen weißer Maden strebten hinaus, unüberhörbare Schwärme grünschillernder Fliegen hinein. Das Odeur, das diesem surrealistischen Stilleben entstieg, wird sich ohnehin niemals adäquat schildern lassen …

Blieb noch die Möglichkeit, die unerwünschten Eindringlinge einfach aufzuessen. Hexeneier nämlich sind, im Gegensatz zum erwachsenen Pilz, eßbar. Ihr Kern wurde früher sowohl als Aphrodisiakum wie auch als Rheumamittel benutzt und ersetzte gelegentlich die Trüffel in der Leberwurst. Als ausgefallenes Bratkartoffel-Aroma, so lernte ich mit unterdrücktem Schaudern, werden Hexeneier immer noch gegessen, und voll im Insider-Trend liegen sie als besonders ausgefallener Pizza-Belag. Eine stilechte Halloween-Party mit dämonischer Glibber-Grusel-Show in der Küche und Stinkmorchel-Pizza auf dem Teller bot sich da natürlich zum Saisonausklang geradezu an, aber irgendwie fehlte mir die letzte Motivation zum Testessen. So äußerte ich meine Bereitschaft zum Selbstversuch vorsichtshalber erst dann öffentlich, als ich mir sicher war, daß die Morcheln (die übrigens, botanisch genaugenommen, gar keine sind) ihr Erscheinen der Kälte wegen eingestellt hatten.

Dumm gelaufen: Sie hatten mitnichten. Diesmal klingelte es in der Abenddämmerung, und zwar bei mir. Mein Vater lächelte unheilverkündend, und unversehens wabbelte ein halbes Dutzend gartenfrischer Hexeneier in meiner Küche. Es gab kein Zurück. Also zog ich, zu allem entschlossen, die ledrigen Schalen ab – und verfluchte anschließend aus tiefstem Herzen jede Form von investigativem Journalismus. Wer je mit Händen, die sich anfühlen wie nach ausgiebigem Kontakt mit einer Nacktschnecke, hektisch etwas einzufangen versucht hat, das an winzige, rundum schlüpfrige und unangenehm mobile Gehirne erinnert, der wird verstehen, weshalb. Wahre Freaks übrigens braten den Glibber mit, doch soweit wollte ich denn doch nicht gehen. Eine gute halbe Rolle Küchenpapier später war auch die innere Haut abgezogen.

Übrig blieben harte Knubbel, anzusehen wie ein mattgrauer Bastard zwischen Walnuß und Trüffel. Sie stanken nicht und waren roh vollständig geschmacksneutral. Gebraten hatten die festen schwarzen Scheiben nicht die kleinste Spur von Pilzaroma, dafür aber einen sehr deutlichen, zum Schluß leicht bitteren Nußgeschmack. Ehrlich gesagt: Ich fand sie, verblüffenderweise, beinahe delikat – wenn da sicher auch viel Erleichterung mitschwang, daß sie tatsächlich in keiner Weise halten, was die Verpackung androht. Besonders angenehm war denn auch der saubere, erdnußartige Nachgeschmack, kombiniert mit dem Gefühl eines unerwarteten Happy-Ends. Dieses Happy-End allerdings erwies sich als vorläufig: Pünktlich im diesem Mai war *Phallus impudicus* in gewohnter Form zurück. Also doch – Stinkmorchel-Pizza zu Halloween?

Das Öl der Öle – Olivenernte in der Toskana

Hannes Eyber

»Der Ölbaum ist ein Gewächs Vorderasiens, das in dieser seiner eigentlichen Heimat unter den dort wohnenden semitischen Volksstämmen frühe veredelt und durch Kultur zu lohnendem Fruchtertrag gebracht wurde«, schreibt der Kulturhistoriker Victor Hehn 1870 in seinem enzyklopädischen Buch »Kulturpflanzen und Haustiere in ihrem Übergang aus Asien nach Griechenland und Italien sowie in das übrige Europa« und fährt fort: »In allen Teilen des Alten Testaments finden wir das Öl zu Speisen, bei den Opfern, zum Brennen in der Lampe und zum Salben des Haares und des ganzen Körpers in allgemeinem Gebrauch. Tiefer nach Asien hinein verschwindet diese Kultur, denn der Ölbaum liebt das Meer und das Kalkgebirge« und die sonnige Lage. Er schätzt lange, warme und trockene Sommer, sowie milde, regenreiche und feuchte Winter – in Maßen auch Frost und Schnee. All das bietet das Klima des Mittelmeerraums. Ideale Voraussetzungen also für Wachstum und Gedeihen des Ölbaums. Und nicht nur für ihn. Hier stand die Wiege unserer Zivilisation.

Es gab im klassischen Altertum keine andere Kulturpflanze, die soviel Nutzen brachte, die so wertvoll war und um die sich so viele Legenden und Mythen rankten wie um die *Olea europaea varietis*, den Ölbaum. Reichtum und Wohlergehen hingen von ihm ab. Das Holz –

kostbarer Werkstoff für Tempel- und Hausbau, Werkzeug und Kriegsgerät. Die Frucht – hochgeschätztes Lebensmittel. Das Öl – unentbehrlicher Rohstoff für Brennöl von Lampen, für Duft- und Salböle. Sie dienten zur Körperpflege und als Heilmittel und waren fester Bestandteil religiöser Zeremonien – bei Ägyptern und Griechen, Etruskern und Römern, Juden und Christen.

»Und der HERR redete mit Moses und sprach: nimm dir die beste Spezerei: die edelste Myrrhe, fünfhundert Lot, Zimt, die Hälfte davon, zweihundertfünfzig, und Kalmus, auch zweihundertfünfzig Lot, und Kassia, zweihundert nach dem Gewicht des Heiligtums, und eine Kanne Olivenöl. Und mache daraus ein heiliges Salböl. Und du sollst damit salben das Heiligtum und die Lade mit dem Gesetz, den Tisch mit all seinem Gerät, den Leuchter und den Rauchaltar, das Handfaß und seinen Fuß. – Aaron und seine Söhne sollst du auch salben und sie mir zum Priester weihen.« – Gesalbte waren Saul, David, sein Sohn Salomon und alle Könige Israels. Ein »Gesalbter« war auch Jesus von Nazareth, denn sein Beiname »Christus« leitete sich von dem griechischen »chrīstós« »gesalbt« ab. Und auch das Wort »Messias«, aus dem Hebräischen entlehnt, bedeutet ebenfalls nichts anderes. Übrigens kam Jesus schon gleich nach seiner Geburt mit Olivenöl in Berührung; der Tiegel mit »Myrrhe«, den ihm einer der Heiligen Drei Könige aus dem Morgenland mitgebracht hatte, war nichts anders als mit Duftkräutern angereichertes Olivenöl.

Bis zum heutigen Tag sind in vielen Sakramenten der katholischen Kirche Salbungen mit geweihtem Olivenöl

vorgesehen. Es steht bei der Taufe am Beginn eines Lebens und als heiliges Öl am Ende – die Letzte Ölung.

Unverzichtbares Element im Kirchenalltag ist auch der Olivenzweig. Noch immer werden in den Ölgegenden der katholischen Mittelmeerländer am Palmsonntag Ölbaumzweige gesegnet als Symbole des Friedens und als Zeichen der Freundschaft und auch als Sinnbild der Wiedergeburt und des Neuanfangs. – Die Taube, die Noah nach der Sintflut aus seiner Arche mehrmals aufsteigen ließ, brachte schließlich ein frisch gebrochenes Ölblatt zurück, was bedeutete, daß das Wasser bis in die Regionen der Ölbaumpflanzungen gesunken war und vermuten läßt, daß Palästina, das gelobte Land, bereits in der Zeit vom fünften bis zweiten Jahrhundert vor Christus eine von den Kanaanäern besiedelte Kulturlandschaft mit Öl- und Weinbergen gewesen war.

Doch weder Archäologen, Völkerkundler, noch Theologen vermochten zu ergründen, welcher Mensch es als erster wagte, diese bittere Frucht, die der Ölbaum trägt, die Olive, zu kosten. Wir wissen eigentlich nur, daß semitische Stämme vor mehr als 11 000 Jahren in der Gegend ums Kaspische Meer und den Winterregengebieten Nordindiens die ersten waren, die den wilden Ölbaum, den Oleaster, zum Ölbaum kultivierten. Während seine Hauptanbaugebiete heute im westlichen Teil des Mittelmeerraums liegen, befanden sie sich in der hellenistischen Antike und noch davor auf der östlichen Seite des Mittelmeers und im vorderen Orient.

Tontafeln, die in den Ruinen der Paläste der minoischen Priesterkönige in Knossos auf Kreta gefunden wurden, belegen, daß vor 4500 Jahren mit großer Akribie Buch geführt wurde über Ölbaumbestände, Anbauorte, Ernteerträge, Lagerhaltungen, Kundenlisten und Steuererhebungen. Auf anderen Tonscherben konnten Vermerke über Ölqualitätsstufen entziffert werden, die sich von den heutigen kaum unterscheiden. Es gab das frische Öl aus der »ersten Pressung« und minderwertigeres, das durch Auskochen des Tresters gewonnen wurde. Im

Gegensatz zu heute wurde das minderwertige Tresteröl nur zum Kochen benutzt. Dagegen war das Öl der ersten Pressung zur Weiterverarbeitung für Salb-, Heil- und Duftöl bestimmt, das vor allem nach »Übersee« verschifft wurde. Ägypten war Hauptabnehmer, obwohl im Land der Pharaonen der Olivenanbau bereits in großem Stil betrieben wurde, wie auf dem berühmten »Papyrus Harris I« nachzulesen ist, eine Art Stiftungsurkunde, welche die Schenkung einer Olivenpflanzung von Ramses III. an den Sonnengott Ra dokumentiert: »Ich habe Oliven gepflanzt in deiner Stadt Heliopolis mit ihren Gärten und den Menschen befohlen, aus dieser Pflanzenfrucht Öl zu pressen, ein sehr reines Öl, damit die Lampen in deinem heiligen Palast nie erlöschen.« Daß es sich hierbei nicht um zwei, drei, vier oder noch ein paar mehr Ölbaumpflänzchen handelte, sondern um viele Tausende auf einer Gesamtfläche von knapp 3000 Hektar, vermag man sich kaum vorzustellen.

Übrigens lag Heliopolis dort, wo heute Jumbo-Jets und Airbusse die Luft verpesten – der Flughafen Kairo. Doch daran kann es nicht gelegen haben, daß das ägyptische Olivenöl schon vor 4000 Jahren nicht sonderlich geschätzt wurde. Noch Jahrhunderte später bezeichnete der griechische Naturkundler und Philosoph Theophrastos das Öl vom Nil als »stark riechend«. Was wohl noch gelinde ausgedrückt war im Vergleich zu dem Grauen, das George Sand in ihrem »Winter auf Mallorca« bei dem Gestank von mallorquinischem Olivenöl überkam: »Leider können die Mallorquiner aus den Oliven nur ein ranziges Öl gewinnen, von dem uns übel wird; es stinkt derart, daß jedes Haus, jeder Mensch, jedes Fahrzeug auf der Insel, ja sogar die Luft auf den Feldern von dem Gestank durchtränkt ist. Da alle Gerichte mit diesem Öl zubereitet werden, steigen seine Dünste täglich zwei- oder dreimal von jedem Herd auf und setzen sich im Mauerwerk fest. – Wird einem an der unwirtlichsten und einsamsten Stelle dieser Duft zugetragen, braucht man bloß aufzuschauen; man wird in hundert Schritten Entfernung einen Mallorquiner auf seinem Esel sehen, wie er den Hügel herab auf einen zutrabt.«

Um 600 vor Christus begann Griechenlands Aufschwung. Die Griechen gaben ihr Wissen um den Ölbaum überall dort weiter, wo sie kolonisierten. Sie zeigten den Völkern auf Korsika, Sizilien, in Unteritalien, in der Provence, was sie sich bei den Kretern und Ägyptern abgeguckt hatten, allerdings ohne diesen Tatbestand in ihren Mythen und Sagen zu erwähnen. Als Entdeckerin und Stifterin des Ölbaums galt Athene, die im Wettbewerb um das nützlichste Geschenk an die Menschheit Poseidon besiegte. (Er brachte nur eine Salzquelle und ein Pferd zustande).

Ob das Olivenöl damals auch zur Zubereitung von Speisen verwendet wurde, ist nicht überliefert. Zwar schreibt Homer viel über die äußere Anwendung des Olivenöls und die Verarbeitung des Holzes. Seine Helden werden mit Olivenöl gesalbt und massiert, hauen und stechen sich mit Knüppeln und Lanzen aus Olivenholz nieder. Mit Kränzen aus Olivenzweigen werden die Olympioniken geschmückt und die Sieger mit Öl aufgewogen. Odysseus schnitzt aus dem harten Holz des Ölbaums den Pfahl, mit dessen glühenden Spitze der Held und seine Leute dem einäugigem Kyklopen das Auge ausstechen. Über die Verwendung als Nahrungsmittel schweigt sich Homer jedoch aus.

Die Griechen waren jedenfalls die ersten, die sich systematisch und wissenschaftlich mit Fragen der Botanik – im besonderen also auch mit der Olive – befaßten. Von ihnen lernten die Römer. Sie intensivierten den Ausbau vorhandener Ölbaumanpflanzungen in den Provinzen Apulien, Kalabrien und Sizilien. Der Eigenbedarf Roms war enorm und stieg ständig. Olivenöl war zu einem gewaltigen Wirtschaftsfaktor geworden. In allen (dazugewonnenen) neuen Kolonien wurden Olivenkulturen in nie gekannten Größenordnungen angelegt. Als das römische Weltreich fertig war, fielen seine Grenzen ungefähr mit denen des Weins und des Öls zusammen. Wo es im Süden dem Weinstock zu heiß oder nach Norden zu kalt wurde oder wo das Olivenöl nicht mehr zum täglichen Bedarf gehörte, da endete der Boden der antiken Welt.

Was empfindet jemand heute, der tagtäglich mit dem Ölbaum zu tun hat, ihn hegt und pflegt, angesichts dieser Vergangenheit? – zum Beispiel Peter Effertz, ein Deutscher vom Niederrhein in der Toskana, aber keiner von der »Fraktion«, sondern Landarbeiter auf dem Olivengut »La Forra« im Dreieck zwischen Arezzo, Siena und Florenz: »Ich sehe halt die Arbeit. Sie gefällt mir. Die Olive ist eine freundliche Pflanze, ist nicht unfreundlich, man muss nicht mit ihr kämpfen. Sie erträgt geduldig den Schnitt und stellt sich nicht unnötig in den Weg. Also, ich hab kein metaphysisches Verhältnis zu der Pflanze.«

Anders der Hohenstaufer Friedrich der Zweite in Horst Sterns Roman ›Mann aus Apulien‹: »Am Ölbaum, der mit Mythen nicht weniger dicht behangen ist als mit Blättern, erkenne ich mich noch immer als Kind des Südens, Italiener. Die deutsche Eiche als der mythologische Leitbaum des germanischen Nordens spricht nicht zu mir: Indem sie in ihrem Saftbereich nur die stinkenden Trüffel gedeihen läßt (um die sich die Schweine raufen). Auf dem mächtigen Wurzelstock eines wilden Ölbaums dagegen richtete sich Odysseus sein Ehebett. Und selbst der hölzerne Plinius räumte den Oliven im enzyklopädischen Bauchladen seiner naturwissenschaftlichen Denkfrüchte den vordersten Platz ein: Zwei Flüssigkeiten gebe es, die dem menschlichen Körper angenehm seien, »nämlich innerlich der Wein und äußerlich das Öl, beide von Bäumen kommend, aber das Öl etwas Notwendiges.«

»Essen Sie Olivenöl, es wird Ihnen immer guttun!«, prophezeit der sizilianische Delikatessenhändler und Pizzabäcker Claudio d'Orio den Kunden in seinem Laden, die noch zögernd vor dem Regal mit den Ölflaschen stehen. Irgendwann mußte es ja auffallen – in den Mittelmeerländern gibt es viel weniger Herzerkrankungen als in anderen Ländern. Der Grund dafür ist weitgehend in den Ernährungsgewohnheiten zu finden. Das hatte schon der Historiker Carl Friedrich von Rumohr in seinem 1832 erschienenen Buch »Vom Geist der Kochkunst« herausgefunden und dabei speziell die »wundersam innewohnenden Kräfte« des Olivenöls hervorgehoben: »Zu häufiger Genuß von Butter, des Specks, fetten Fleisches und was sonst dahin gehört, ist den meisten Personen schädlich. Wie sehr aber ein mäßiger Genuß des Fettes zur Erhaltung der Schlüpfrigkeit der Eingeweide, der Gelenke und anderer organischer Teile erforderlich ist, weiß jeder Arzt und bezeugen die ärmeren Volksklassen aller ackerbauenden Länder rund ums Mittelmeer, die durch instinktmäßigen Trieb ihre trockene, vegetabilische Nahrung mit etwas Öl annetzen. Die Begüterten, welche bei weitem mehr animalische als vegetabilische Stoffe zu verzehren pflegen, sollen also, um das Gleichgewicht herzustellen, in ihren Küchen den Gebrauch von Butter, Speck und fettem Fleisch in eben dem Maß zu vermindern trachten, als die Armen wünschen müssen, ihn zu vermehren.«

Der Wunsch ist ihnen längst erfüllt, jedenfalls in den überfütterten Industrieländern. Die nicht so gut Betuchten müssen sich heute, ob sie wollen oder nicht, mit kostengünstigen Produkten aus Massentierhaltung und synthetischem Gemüseanbau mästen.

Wenn in Norddeutschland mit dem ersten Frost die Grünkohlernte beginnt, klettern in der Toskana die Olivenbauern auf ihre Bäume, um in mühseliger Handarbeit die grünen, violetten und schwarzen Früchte zu pflücken. Technisch hat sich in der jahrtausendealten Tradition der Olivenernte nicht sehr viel geändert, meint Peter Effertz: »Es wird ein Nylonnetz, groß genug, um die ganze Fläche der Krone von unten abzudecken, auf dem Boden ausgebreitet. Dann werden mit kleinen Rechen, die an Spielzeugharken für Kinder erinnern, die einzelnen Äste abgefegt, und dabei die Oliven runtergerissen. Wenn man sie auf die Art erntet, sind sie noch nicht ganz voll reif, was die Qualität erhöht, aber eben auch die Mühe.«

Alle Versuche, Oliven maschinell zu ernten, mit komplizierten Rüttel-, Kehr- und Saugmaschinen, die außerdem nur auf flachem Gelände eingesetzt werden können und nur bei Bäumen, deren Wuchs die Rüttel-Schüttel-Prozedur zuläßt, sind mehr oder weniger gescheitert. Billiger als das Pflücken mit der Hand ist es, Tücher und Netze unter den Bäumen aufzuspannen und darauf zu warten, daß der Wind die reifen Oliven von den Bäumen bläst. Eine Erntemethode, die noch heute in Kalabrien und anderen Gegenden im Süden praktiziert wird: »Die Ölbäume unten im Süden sind viel, viel größer als hier«, sagt Peter Effertz. »Jeden Vormittag sammelt man da die Oliven ein und wartet dann, bis wieder welche von selbst runterfallen. Das dauert bis Ende April! Im Fernsehen haben sie's neulich so erklärt: Im ersten Monat ist das Öl Extra Vergine, im zweiten einfach nur Vergine und im dritten Monat wird's Lampenöl, das kommt ganz spät.«

So einfach diese Art ist, die Oliven zu ernten, so simpel und sympathisch, so plausibel ist auch die nach Erntemonaten definierte Qualitätseinstufung des Öls. Der Nachteil – die von selbst heruntergefallenen Oliven sind zu fett, zu reif, die Frische fehlt, ihre Fruchtsäure ist zu hoch, sie fangen schon an zu gären, werden ranzig und stinken. Demnach ist dort, erklärt Peter Effertz, wo die Früchte aufgrund der natürlichen Schwerkraft zu Boden fallen, das Öl von zweifelhafter Jungfräulichkeit: »Wie bei allen Früchten ist der Erntezeitpunkt entscheidend für den Geschmack. Wer zum Beispiel seine Äpfel zu

früh erntet, bekommt diesen typischen zu frühen Geschmack von Apfelsaft. Das gibt's auch bei den Oliven. Der Hintergrundgeschmack wird dann zu bitter. Und wer seine Oliven zu spät erntet, der hat zwar Fett, aber nicht mehr den typisch leckeren Olivengeschmack.«

Egal zu welchem Zeitpunkt, ob zu früh oder zu spät, ob mit der Hand gepflückt, mit Stangen abgeschlagen, gerüttelt, geschüttelt oder von selbst heruntergefallen, wenn die Oliven von den Bäumen geholt werden, dröhnen überall dort, wo sie geerntet werden, von Mitte November bis weit ins Frühjahr hinein, Tag und Nacht die Ölmühlen, um aus den bitteren Früchten das Öl zu wringen. »Es ist ein unangenehmes Ambiente, die Ölmühle, unangenehm wegen des Fettnebels, der immer in der Luft ist, dem enormen Krach, den die Turbinen machen. Wenn wir mit einer Fuhre, das sind in der Regel zwei, drei Tonnen, kommen, bin ich oft sechs, sieben Stunden diesem Krach ausgesetzt.«

Das Prinzip des Preßvorgangs ist seit vielen tausend Jahren immer das gleiche. Die Oliven werden, damit sich die Fruchtflüssigkeit, ein Öl-Wasser-Gemisch, absondern kann, zerquetscht, geknetet und gepreßt. Dann wird das Öl vom Fruchtwasser getrennt und fertig ist das »kaltgepreßte« Olivenöl – extra vergine.

Eigentlich überflüssig, noch darauf hinzuweisen, daß es sich hierbei um die »erste Pressung« handelt, denn das »besonders jungfräuliche« Olivenöl gibt's nun einmal nur mit der ersten Pressung. Doch, Achtung! Dieses Öl muß später im Laden nicht unbedingt in der Flasche sein, auch wenn's draufsteht – und daß der »Hersteller« meist nur »Abfüller« und nicht der »Erzeuger« des Öls ist, sollte der Kunde auch wissen.

Das gesunde, mediterrane Naturprodukt: ein Etikettenschwindel? Dabei ist in den letzten Jahren kein anderes Lebensmittel so zum Inbegriff für kulinarische Lebensart geworden wie »Natives Olivenöl Extra« – Amtssprache Brüssel für »Olio extra vergine«. Man findet es jedoch selten. Am ehesten in den kleinen Läden, die nur ein paar Produkte wie Wein, Essig, Öl im Angebot haben, die sie lose »vom Faß« verkaufen. Die Betreiber dieser Läden machen sich oft noch die Mühe, ihre Waren direkt beim Bauern abzuholen.

Laut Chris Butler, Australier mit Wohnsitz in Italien, Gründungsmitglied des »Movimento Internazionale per la Cultura dell'Olio da Olive«, einer unabhängige Organisation, die sich um die Reinheitsgebote von Olivenölen kümmert und im besonderen den kommerziellen Großproduzenten auf die Finger guckt, sind die meisten Olivenöle zweifelhaften Ursprungs: »Das Problem ist, daß fast alle Öle, die auf dem Weltmarkt verkauft werden, raffinierte Öle sind. Diese raffinierten Öle werden von großen multinationalen Lebensmittelkonzernen vertrieben, deren Interesse es ist, Quantität statt Qualität zu verkaufen. Damit sind sie sehr erfolgreich, denn nur ein ganz minimaler Prozentsatz des Olivenöls auf dem internationalen Markt ist ›extra vergine‹ Olivenöl. Die meisten Kunden gehen nach dem Preis oder auch nach der Verpackungsästhetik. Erst an zweiter Stelle stehen die qualitativen Merkmale: regionale Herkunft, wie der Preßvorgang ausgesehen hat. Erst an dritter Stelle kommt der Geschmack, weil bei vielen die Vorstellung herrscht, daß der Geschmack bei allen Olivensorten der gleiche sei. Dabei gibt es keinen spezifischen ›extra vergine‹ Olivenölgeschmack. Der Geschmack von ›extra vergine‹ Olivenöl wird von der Jahreszeit bestimmt, von der Anbaugegend, von der Olivensorte, der Bodenbeschaffenheit und der Kultivierungsmethode. Jedes Olivenöl ist anders. Ich denke, daß es für den Verbraucher wichtig ist, ›extra vergine‹ Olivenöl schmecken zu lernen, und zwischen einem guten und einem schlechten Öl, zwischen einem raffinierten und einem ›extra vergine‹ Öl unterscheiden zu lernen.«

Unter »raffiniertem Olivenöl« versteht man zum einen die industrielle, d.h. die chemische und thermische Aufbearbeitung von nicht einwandfreien Olivenölen – unangenehmer Geruch, diffuse Farbe, zu hoher Säuregehalt –, die, nachdem sie chemisch gereinigt worden sind, mit »sauberem« Öl aus der »ersten Pressung« gemischt werden, damit sie sich weiter »Olivenöl« nennen dürfen, beziehungsweise auch wieder nach Olive schmecken. Zum anderen wird das Verfahren der Raffinade dazu benutzt, um aus dem Oliventrester das Restöl herauszuwaschen, d.h. den Trester noch einmal zu erhitzen, mit Phosphorsäure zu entschlacken, zu entschleimen und mit Natronlauge zu behandeln, damit die bitteren Geschmacksstoffe entfernt werden und das Öl immer gleich schmeckt. Guten Appetit!

Speiseöle, die durch Raffinade hergestellt werden, müssen als solche gekennzeichnet sein. Doch der eine oder andere »Erzeugerabfüllhändler« nimmt es mit der Kenntlichmachung dieses »Fabriköls« nicht so genau und klebt auf seine Flaschen einfach das Etikett mit dem Qualitätshinweis »Natives Olivenöl extra – erste Pressung, kalt gepreßt«. Schützen kann sich der Käufer vor dieser schon beinahe legalen Verbrauchertäuschung kaum, obwohl die von der Kommission der Europäischen Gemeinschaft herausgegeben Richtlinien für die drei Qualitätsstufen seit 1990 in Deutschland verbindlich sind und garantieren sollen, daß die Öle ohne chemische Zusätze bei »kalter Pressung« aus frisch geernteten, einwandfreien Oliven gewonnen wurden.

Die frühen Methoden der Ölgewinnung waren recht primitiv. Die Oliven wurden im Steinmörser zerstampft, mit warmem Wasser aufgeschwemmt, das leichtere Öl setzte sich an der Oberfläche ab und wurde abgeschöpft. So machten es schon zu biblischen Zeiten die Hebräer. Die Griechen wendeten anfangs ähnliche Verfahren an, nur daß sie die Oliven nicht in Mörsern, sondern wie

Weintrauben mit Holzpantinen zermatschten, oder sie in Säcke füllten, auf denen sie herumtrampelten, sie dann auswrangen, das Öl vom Fruchtwasser abschöpften und in Schläuchen aus Ziegenleder verwahrten. So wurde es noch vor dem Zweiten Weltkrieg auf Korfu gehandhabt und von Lawrence Durrell in seinem Reisetagebuch ›Schwarze Oliven‹ beschrieben: »Wenn sich das Öl in verschiedenen Steinbehälter mehrere Mal geklärt hat, hält man es für rein genug, um dem Händler in die Stadt geschickt werden zu können. Glucksend und blubbernd rumpelt es, in Lederhäute gefüllt, auf dem Wagen langsam den geschwungenen Pfad nach Korfu hinab. Die schmierigen Säcke glänzen hell in der Sonne und torkeln gräßlich gegeneinander wie ein Haufen enthaupteter Leiber.«

Dagegen wurden die Techniken zur Ölgewinnung schon in der Frühzeit schnell verbessert. Die ersten Ölmühlen bestanden aus einer Mühle, bei der die grob zylinderförmig gehauenen Mahlsteine noch mit der Hand über die Oliven hin und her gekollert wurden, einer Presse und einem Auffangbecken für die Fruchtflüssigkeit. Unter den Römern dann die endgültige, die klassische Zerquetschmethode: Mahlsteine, die sich in Steintrögen um sich selbst drehten. Peter Effertz erklärt es so: »Die Dinger wiegen hunderte von Kilo und zerquetschen ruckzuck die Oliven. Der Brei wird dann auf runde Bastmatten verteilt, und über einer hydraulischen Presse ausgepreßt. Wasser und Fett, die dabei herauslaufen, werden danach in Zentrifugen getrennt.«

Zwar werden die Oliven mancherorts noch immer unter Mühlsteinen zermalmt, aber die werden über kurz oder lang nur noch zu Gartentischen taugen. Denn man hat bessere, rationellere und hygienischere Mahlverfahren gefunden. Die Oliven werden gewaschen und dann in einer geschlossenen Kammer von kleinen Metallkugeln oder schraubenförmigen Klingen zermahlen. Der so gewonnene Olivenbrei wird 20 Minuten geknetet und anschließend in zwei Sedimentationszentrifugen, Überlaufzentrifugen, geleitet. In der ersten Zentrifuge wird aus dem Olivenbrei der Fruchtsaft, in der zweiten aus dem Fruchtsaft das Öl geschleudert bei einer Betriebstemperatur, die 35 Grad Celsius nicht überschreiten darf. Das entspricht ungefähr der Vegetationstemperatur der Olivenpflanze draußen auf dem Feld. Im Sommer kann sie auch schon mal bis zu 40 Grad Celsius steigen.

Apropos Vegetationstemperatur. Was geschieht eigentlich das Jahr über im Olivenhain? Was fällt an Arbeit an? Wer kümmert sich darum? Obwohl in unzähligen, großformatigen Bildbänden ausführlich über die toskanische Landschaft, ihre »sanft schwingenden Hügelketten, die sich hintereinander ansteigend am Horizont verlieren im verschwimmenden Dunst des flirrenden seidigen Lichts« geschwärmt wird, versäumen es diese Landschaftswerbetexter, über den natürlichen Rhythmus der Landwirtschaft zu berichten, der in einem Licht, das für schnödem Alltagskram blind macht, nicht wahrgenommen wird.

Prosaisch schlicht sind dagegen Johann Wolfgang von Goethes Landschaftseindrücke, die der Dichter vor zweihundert Jahren in aller Eile beim Durchqueren der Toskana auf dem Weg nach Rom im Tagebuch seiner ›Italienischen Reise‹ festgehalten hat: »Die Oelbäume sind wunderliche Pflanzen. Sie sehen alt fast wie Weiden aus, sie verlieren auch den Splint und die Rinde geht auseinander. Aber sie hat gleich ein festeres markigeres Ansehen. Man sieht dem Holze an, daß es sehr langsam wächst, und daß es unsäglich durchgearbeitet ist. Das Blatt ist auch weidenartig, nur weniger Blätter am Zweige. – Um Florenz, an den Bergen ist alles mit Oelbäumen und Weinstöcken bepflanzt und dazwischen wird das Erdreich zu Körnern benutzt. Ich finde, daß man dem Epheu nicht genug wehrt, der die Ölbäume wie andre Bäume auszehrt.«

Dem heutigen Stadtmenschen erscheint fast jede ländliche Szene idyllisch. Gewöhnlich erlebt er sie im Sommer, wenn in dem ständigen Kampf des Bauern mit den Elementen gerade eine vorübergehende Pause herrscht. Im Sommer scheint sich das Land in der Toskana selbst zu versorgen, als habe der glückliche Bauer nichts anderes zu tun, als in herrlichem Sonnenschein auf den Stiel seiner Hacke gestützt darauf zu warten, daß die Oliven reifen und endlich die Ernte beginnt. Und dann? »Dann«, sagt Peter Effertz: »ist erst mal Weihnachten. Der Bauer ruht, das Land ruht, bis es wieder anfängt mit dem Düngen und danach direkt weiter mit dem Schnitt. Bis Mai sollte alles fertig sein. Gerade während der Blüte wird die Ernte entschieden. Wenn's da zuviel regnet oder zu windig ist oder zu wenig windig, zu heiß oder zu trocken, je nachdem, dann kann es vorkommen, daß die Bäume gelb von Blüten sind, und trotzdem gibt es hinterher kaum Oliven. Ansonsten geht es der Olive eigentlich relativ gut, wenn es sehr heiß ist, weil sie tiefe Wurzeln hat. Bevor eine Olive anfängt zu vertrocknen, das dauert eine ganze Weile. Allerdings, wenn es lange nicht geregnet hat, entledigt sie sich ihrer Früchte. Die Kinder, die sie nicht ernähren kann, werden halt verstoßen. Die Pflanze ist fast unzerstörbar. Als es 1985 so gefroren hat, war praktisch der gesamte oberirdische Teil der Oliven zerstört. Wenn man die absägt, treiben sie aus den Wurzeltrieben ringförmig neue kleine Oliven aus. Man läßt vier, maximal fünf, meistens auch nur drei Ausläufer stehen, die dann zu ebener Erde die Krone bilden. Das ist dann keine Baumkultur mehr, sondern eine Art Strauchkultur.«

In den Höhenlagen und nördlicheren Zonen ist die Kultivierung von Oliven sehr heikel, nicht nur in der Toskana, auch in der Provence und auf Korsika oder auf Sardinien. In »Padre e Padrone« schreibt Gavino Ledda: »Der Winter 1956 war sehr mild. Bis Ende Januar blieb es warm. Die Jungbäumchen in unserem Olivenhain ließen sich von der Wärme verführen und trieben vor der Zeit. Mitten im Winter standen sie schon voll im Saft. So kam der Februar. Und er war der Weltuntergang. Eine Polarkälte. Am zweiten Februar frühmorgens wachten wir wie gewohnt auf, um zu melken. Der Sturm heulte. Draußen war alles weiß. Es schneite, was es nur konnte. Wie wir so hinter den Schafen durch den Olivenhain kamen, ging Vater, vielleicht unwillkürlich, hastig auf ein Bäumchen zu, riß einen Zweig und sah gleich das Verhängnis. Schier außer sich brach er den Zweig an mehreren Stellen, um darin zu lesen. Hastig riß er wieder einen Zweig und sah wieder nach. Lief auf ein anderes

Bäumchen zu. Riß von neuem. Schälte den Zweig und las. Warf ihn schweigend weg. Rannte wie ein Besessener zu einem weiteren Bäumchen. Die gleiche Szene. Er wütete mehr als die Wogen aus Schnee, die von allen Seiten auf ihn einstürmten und schrie: ›Est tottu mortu! Est tottu mortu! Der Frost hat alles gefressen! In ein paar Tagen wird hier alles schwarz sein, als hätte es gebrannt, wie es noch nie gebrannt hat.‹ Wie Vater so die Äste zerbrach, die er von klein auf nur immer geliebkost hatte, zerbrach er damit sein eigenes, schon zerbrochenes Leben. Nach wenigen Tagen konnte man bereits die Zeichen des Todes an den Stämmen der jungen Bäume erkennen. – Der Frost einer einzigen Nacht, eine Laune der Natur, ein eisiger Wind, ein Temperatursturz hatte das ganze mit Liebe und Beständigkeit errichtete Werk meines Vaters vernichtet. Die ganze Familie wurde von dem Schlag betroffen; sie war jetzt wie ein Bienenvolk, dem der Bienenstock eingebrochen ist. Unsere Tradition wies uns den Weg des Wiederaufstiegs: Generationen von Hirten, Bauern und Tagelöhner hatten uns das Sichabfinden gelehrt, die Rückkehr vom Traum zur tristen Realität: nämlich das Rennen von neuem aufzunehmen.«

Nach dem Frostwinter 1985 blieb auch den toskanischen Olivenbauern nichts anderes übrig, als »das Rennen von neuem aufzunehmen«. Die Bäume standen bereits im Saft, als im Februar 1985 die Temperatur auf 15 Grad unter Null sank. Der Saft gefror, die Bäume starben, die Landschaft verlor ihr Gesicht und viele Menschen ihre Existenzgrundlage. An eine Olivenernte war nicht zu denken. Die Ölmühlen mußten schließen.

Es gab kein toskanisches Olivenöl mehr. Die Toskaner mußten sich für den täglichen Gebrauch mit dem Öl aus dem Süden begnügen. Und den Großbetrieben, die bereits Witterung vom lukrativen Exporthandel mit eigenem, toskanischen Öl aufgenommen hatten – damals, Mitte der achtziger Jahre des vergangenen Jahrhunderts, begann gerade das Interesse an Olivenöl in den nordeuropäischen Ländern zu erwachen – fehlte die Ware. Um im Geschäft zu bleiben, kauften die toskanischen Ölproduzenten Öl aus dem Süden und gaben es als ihres aus. Der Schwindel flog auf. Der Ruf war ruiniert, aber nur für kurze Dauer. Heute wird – trotz der EU-Richtlinien aus Brüssel – kräftig weitergeschwindelt.

Dem toskanischen Öl wird nachgesagt, daß es mit das beste ist, das es gibt. Was natürlich eine Geschmackssache ist. Manche Leute bevorzugen das Gardasee-Öl oder das aus Ligurien oder auch aus Griechenland oder Spanien. Immer vorausgesetzt, die Oliven sind sorgfältig geerntet und weiterverarbeitet. Denn gutes Olivenöl ist von vielen Faktoren abhängig. Allein in Italien gibt es etwa 60 Sorten, die sich auf die verschiedenen Regionen verteilen. Jede hat einen eigenen Geschmack – und einen eigenen Preis. In der zerklüfteten Hügellandschaft der Toskana ist der Olivenanbau auf terrassiertem, unzugänglich steilem Gelände ungleich mühsamer, arbeitsaufwendiger und somit teurer als in den weiten Ebenen Apuliens.

Mit Hingabe und Fleiß haben es die »Toscani« jedenfalls fertiggebracht, in kürzester Zeit ihre Olivenhaine nach dem letzten großen Frost zu rekultivieren. Heute produzieren sie schon wieder Öl aus »eigenen« Oliven, sagt Peter Effertz: »Zur Erntezeit ist das Gedränge in den Ölmühlen wieder groß. Aber da geht alles nach der Reihe, wie man kommt. Erst werden die Oliven gewogen. Dabei wird auch der Preßpreis der Oliven festgelegt. Jeder ist natürlich stolz auf seine eigenen Oliven, niemand möchte die gern eingetauscht haben gegen die vom Nachbarn oder, noch schlimmer, gegen Oliven aus dem Tal, oder, am allerschlimmsten, gegen Oliven aus Süditalien, die jetzt wieder ganz anders schmecken als unsere. Damit alles mit rechten Dingen zugeht, schaut jeder mit Argusaugen auf seinen Olivensack, damit keiner ihn wegträgt.«

Dann der Augenblick, wenn endlich aus der Filterzentrifuge das eigene Öl wie ein dünner Faden von gelbgrüner Farbe in den Stahlkessel fließt und mit einigen winzigen Luftblasen eigenartige Muster und Kräusel auf der undurchsichtigen Oberfläche bildet, während der Ölpegel steigt und steigt. »So wie es aus der Mühle kommt, direkt und noch handwarm, schmeckt mir das Öl am besten. Es ist trübe, es ist fruchtig, leicht bitter im Rachen und hat eben diesen ganz typischen Geschmack, wie ich den hier zu schätzen gelernt habe.«

Um zu lernen, »was gut schmeckt«, gibt's eigentlich nur eine Möglichkeit: Man fährt um die Weihnachtszeit in die Toskana. Die Olivenernte ist dann in vollem Gange. Man besorgt sich einen Behälter aus Glas oder Blech, fragt in irgendeinem Dorf nach der Ölmühle, dem Frantoio, und läßt sich dort direkt das Öl der Öle einfüllen.

An den Herbst

John Keats

I

Neblige Zeit, die weiche Früchte häuft,
Busenfreundin reifenden Sonnenscheins
Im Plan, die Rebe, die ums Strohdach läuft,
Zu segnen mit der Traubenfracht des Weins;
Mit schweren Äpfeln, noch am Kern voll Saft,
Bemooste Landhausbäume zu bemühn;
Den Kürbis prall, die Haselnuß gesüßt
Vorm Fall zu runden; Knospen aufzublühn,
Was Bienen mehr und noch mehr Blumen schafft,
Bis jede glaubt, nie ende diese Kraft,
Weil Sommer ihre Waben überfließt.

II

Wer sah dich nicht schon oft in deinem Schatz?
Man findet dich, wenn man ins Freie geht,
Nimmst du am Speicherboden sorglos Platz,
Dein Haar vom Worfelwind weich aufgeweht;
Oder, wenn du in halbgemähter Bahn,
Betäubt vom Mohnstaub, fest geschlafen hast
Und deine Sichel Korn und Blumen schont;
Und Ährenlesern gleich trägt ab und an
Dein Kopf ruhig über Bäche seine Last;
Und preßt man Apfelmost, bist du der Gast,
Den letztes Rieseln stundenlang belohnt.

III

Wo sind die Frühlingslieder? Ja, wohin?
Denk nicht an sie, Musik besitzt auch du –
Da welken Tagen Streifenwolken blühn
Und deckt ein Rot-Ton Stoppelfelder zu:
Dann jammern Mücken ihren Wehgesang
In Uferweiden, steigen, um sogleich
Zu sinken, stirbt, lebt auf der leichte Wind;
Und Lämmer blöken laut vom Bach am Hang;
Busch-Heimchen singen; und nun zittert weich
Der Pfiff des Rotkehlchens im Gartenteich,
Da zwitschernd Schwalben in den Lüften sind.

Winter

Das Versprechen der Gemüse

Margaret Roach

Der erste kühle Tag war ein Geschenk, nicht nur wegen der körperlichen Erleichterung. Zwei rote Wassermolche statteten dem Garten wie von Zauberhand einen Besuch ab, und die zarten Geschöpfe krabbelten sogar auf den ausgestreckten Arm, um zu sehen, wohin das führte. Ein winziges Kaninchen, erst ein paar Wochen alt, fand unter den vertrockneten alten Tomatenstauden ein Versteck und ließ sich einen Tag lang darunter nieder. Sein ebenso junger Verwandter verbarg sich in der Minze, deren tief geneigte schwere lila Blütenköpfe ein duftendes grünes Zelt über ihm bildeten.

Die Tiere scheinen über das Wetter Bescheid zu wissen. Eine Bauernregel lautet: Wenn die Kühe sich hinlegen, gibt's Regen. In diesem Frühjahr und Sommer wurden die Kühe es leid, sich ständig und mühsam niederzulassen und schienen beschlossen zu haben, zu bleiben, wo sie waren und abzuwarten. So auch in der Nacht vor dem ersten Herbsttag. Und siehe da, kurz nach Mitternacht fiel ein kühler, einschläfernder Regen auf ihre Rücken.

Im Haus war in derselben Woche im Badezimmer der Zweig einer knotigen Dickblattpflanze auf den Fußboden gefallen und hatte aus jedem Blattansatz neu ausgetrieben. Ein Handtuch oder ein Ellbogen hatte ihn achtlos von der Mutterpflanze gefegt, doch er weigerte sich, einfach zu sterben. Die kalten, wenig versprechenden Fliesen boten kein Heim, doch er nahm den Kampf auf und reckte seine Wurzeln in die Luft. In Umkehr zur Wachstumsperiode, die jetzt beinahe vorüber ist und sich im gleichen Maße verflüchtigt, wie die Hitze und das Licht nachlassen und die letzten feurigen Blätter zu Boden schweben, wird diese Pflanze ihren Kampf gewinnen und noch ein wenig länger unter uns weilen.

Ein junger Freund möchte ebenfalls leben, doch es wird ihm nicht gelingen, das wurde irgendwo beschlossen, und ich kann in diesem Zyklus keine Logik erkennen, nicht die geringste. Warum muß er früher sterben als wir? Er kämpft, doch die Welt hat sich gegen ihn gewandt; sie ist wie die Badezimmerfliesen geworden, ungastlich, ein Ort, an dem er nicht länger Wurzeln schlagen kann.

Jetzt, beim Einholen der letzten Herbsternte – ein Bund Petersilie, ein, zwei letzte Salatköpfe, die noch unter dem schützenden Dach des Frühbeets stehen – erinnere ich mich, daß er der Freund war, der das Gelände rodete, auf dem heute mein Gemüsegarten gedeiht. Damals war er stark genug, um einen Dschungel wilder Brombeeren zu zähmen, ihn für neues Leben vorzubereiten, und das ist noch gar nicht so lange her. Auf einem Geburtstag tauschten wir Samentütchen aus, prall voll Leben. Er säte seine in Töpfe auf der Feuerleiter, viele Stockwerke über der Terra firma, während ich meine in die Erde steckte, die er mir umzupflügen geholfen hatte.

In diesem Jahr begann die Gemüsehaupternte erst vor vier Monaten – ein kurzer Augenblick im Lauf der Zeit –, und zu diesem Zeitpunkt nahm die Macht des Sommers noch zu. Damals war die Betonschwelle in der Hitze

angenehm kühl, wie Stein im Schatten das immer verheißt. Ich saß darauf und pahlte Erbsen in Plastiktüten, wo sie in gefrorenem Zustand erhalten bleiben, ein Leben in der Schwebe, das ein Ende finden wird, wenn sich mein winterlicher Hunger auf Grünes einstellt.

Bohnen und Erbsen in der Gefriertruhe zu verstauen, stimmte mich griesgrämig, obwohl der Tag klar war und meine Ernte zart, denn als ich so dasaß und meine grünen Perlen eintütete, dachte ich daran, was sie waren: ein Plan für die Zukunft. Wie meine zerrupfte Dickblattpflanze, erwarte auch ich zu leben und lege aus diesem Grund fleißig Vorräte an. Doch wenn meine Gedanken zu meinem Freund wandern, legt sich ein Schatten über das Glück dieser Ernte, die mir helfen wird, die Zeit von dieser Saison zur nächsten zu überstehen.

Mein Freund hört nicht auf, Pläne zu schmieden – seine eigenen Gemüse einzulagern –, aber irgendwie wissen wir beide, daß es wahrscheinlicher ist, daß ich meine Vorräte angreife als er die seinen. Manche Menschen hinterlassen Meisterwerke; ich würde hauptsächlich Tomatensauce und Marmelade hinterlassen. Falls ich den Winter nicht überdauerte, würden die tiefgefrorenen Behälter und die Einmachgläser mein Erbe enthalten und signalisieren, daß ich eigentlich noch eine Weile hatte bleiben wollen, es aber nicht vermochte.

Gewöhnlich geht von einer mit Essen gefüllten Gefriertruhe, einer Speisekammer voll eingemachter und getrockneter Lebensmittel ein Gefühl der Sicherheit aus. Man kann sich daran weiden, sich gut aufgehoben und unverletzbar fühlen. Vielleicht ist das der Grund, weshalb ich hauptsächlich Gemüse anpflanze und mit Blumen nur ein wenig herumstümpere. Gemüse wohnt das Versprechen inne, daß man entkommen kann: der fordernden Stadt und ihren Vororten, doch im Augenblick verursachen mir die Einmachgläser und die anderen Vorräte lediglich Schuldgefühle, wie bei jemandem, der zu gierig auf sein eigenes Wohl bedacht ist.

Ich will nicht mutlos sein, mich nicht der Trauer überlassen, doch vielleicht ist es an der Zeit, daß wir mehr über die andere Seite des Zyklus nachdenken. So wie es eine Geschichte des Lebens ist, Dinge wachsen zu lassen, ist es auch eine Geschichte über die endgültige Macht des Todes, und jetzt, anläßlich dieses späten Abschnittes im Jahr – und im Leben eines geliebten Menschen – fühle ich mich gedrängt, all dies einmal laut auszusprechen.

Als Kind fürchtete ich das Ende des Sommers, und Sie kennen den Grund, denn jedem Kind ergeht es so. Doch heute droht am Ende des Sommers keine Schule, und manchmal bin ich erleichtert, wenn die größte Hitze langsam vorbei ist. Oder zumindest war ich in früheren Jahren erleichtert, als der Tod nicht so nahe war.

Jetzt wünsche ich mir, der Winter möge rasch kommen und den dunklen Charakter der Dinge in Helligkeit verwandeln, meine Welt mit einer Decke von frischestem Weiß überziehen, damit ich eine Weile schweigend da sitzen und die Vögel beobachten kann, die in meinem Garten verweilen, ungeachtet der Jahreszeit.

Ruhm und Gärten

Verlyn Klinkenborg

Das letzte Unwetter hat die Tomatengerüste umgeworfen – noch mehr Regen in einem ohnehin schon regenreichen Sommer. Japanische Käfer haben nadelstichgroße Löcher in die Brombeeren und den Rhabarber und die Blätter der Montmorency-Kirsche gebohrt. Rosen und Malven sind ebenfalls in Fetzen. Es ist Spätsommer, und ich kann beinahe spüren, wie die organische Untätigkeit den Gemüsegarten überwältigt – wie die ausgewachsenen Gurken, der geschossene Salat, die Monatserdbeeren in den erhöhten Beeten ihren Abschied nehmen. Ich habe die düstere Seite des Gartens mit Moschus- und anderen Kürbissen bepflanzt, und ein paar Wochen lang gediehen die Setzlinge so gut wie gar nicht. Dann, Anfang Juli, kam irgendwoher der Startschuß, und das Rennen lief. Die Französischen Kürbisse haben die Moschuskürbisse überrundet, und in einem toten Rennen machen sie sich alle über das Hopfengerüst her, während der Hopfen sich an die Kletterrosen heranmacht. Eine solche Fülle sieht überraschenderweise nach Verfall aus. Das Ende ist nah.

Ein Gärtner ahnt das Absterben seines Gemüsegartens voraus. Es beginnt bereits mit dem Herbstanfang. Mein Garten wird beinahe jedes Jahr wieder zu einer Wildnis. Im Herbst beobachte ich das Absterben meiner Frühlingspläne und stelle fest, daß die höchste Trauer und die höchste Freude eines Gemüsegartens darin liegen, daß es dort, wo ich lebe, so wenige mehrjährige Gemüsesorten gibt. Sämtliche Skizzen und Entwürfe enden in einem

Tohuwabohu aus Brennesseln und demnächst erfrorenen Tomaten. Der höchste Ehrgeiz eines Küchengärtners in der nördlichen Hemisphäre besteht darin, die Überreste seines alten Gartens auf dem Komposthaufen dahinwelken zu sehen, auf daß sie für das nächste Frühjahr heranreifen.

Andere Gärten – diejenigen mit Koniferen und Obelisken und klassizistischen Brunnen, mit Alleen aus Spalierbäumen und strenggeschnittenen Buchshecken – werden in Hommage an die Kontinuität angelegt. Aber auch diese Gärten, diese bleibenden Werke aus Imagination und Design und Ambition dauern nicht ewig. Vor gar nicht allzu langer Zeit stieß ich zufällig auf einen Abschnitt in Goethes Tagebuch seiner Italienischen Reise, wo etwas Gewichtiges darüber ausgesagt wird, daß auch stolze Gärten ihr Ende finden. Das Datum war der 21. September 1786, und Goethe weilte in Vicenza und war noch auf dem Höhepunkt seiner Verliebtheit in Italien. Er schreibt:

»Heute besuchte ich Doktor Turra; wohl fünf Jahre hat er sich mit Leidenschaft auf die Pflanzenkunde gelegt, ein Herbarium der italienischen Flora gesammelt, unter dem vorigen Bischof einen botanischen Garten eingerichtet. Das ist aber alles hin. Medizinische Praxis vertrieb die Naturgeschichte, das Herbarium wird von Würmern gespeist, der Bischof ist tot und der botanische Garten, wie billig, mit Kohl und Knoblauch bepflanzt.«

Der Bischof stirbt, und das war's. Unter dem nächsten Bischof wird der Stoff für die wissenschaftlichen Studien zu Stoff für den Klerikermagen, »wie billig«. Goethe verleiht jedem Garten seine Grabinschrift: »Das ist aber alles hin.«

Gärten enden also mit dem Tod des Bischofs und mit den Würmern. Sie enden bei hartem Frost und bei Dürre. Sie enden dort, wo das Grundstück des Nachbarn beginnt oder die Bewässerungsanlage aufhört oder dort, wo der Wald zu nahe herankommt. Gärten enden mit einer Aussicht, an einer Mauer, an einer Grenze, einer Straße, vor wucherndem Unkraut, einer Abgrenzung oder durch politische Unruhen, wechselnde Besitzer oder wenn das Glück sich wendet. Sie enden dort, wo die Energie und das Geld und die Ideen ausgehen oder wo die Rehe und Murmeltiere anfangen. Sie enden mit Scheidung und Tod. Ihr glücklichstes Ende finden sie dann, wenn jemand in ihnen wieder ganz von vorne anfängt.

Manchmal finden Gärten auch ein abruptes, gewalttätiges Ende, in einer Sintflut, sei sie natürlichen oder anderen Ursprungs. Vor einigen Monaten las ich John Ruskins seltsames Spätwerk ›Fors Clavigera‹, eine Anzahl langer, fulminanter Briefe an die »Workmen und Labourers of Great Britain«, mit denen er eine utopische Gesellschaft namens ›Guild of St. George‹ gründen wollte. Im fünften Brief in ›Fors Clavigera‹, datiert vom Dezember 1871, äußert sich Ruskin zu Goethes Theorie, nach der die verschiedenen Teile einer Pflanze lediglich Variationen ein- und desselben sind – so daß, in Ruskins Worten, »sämtliche Teile einer Pflanze so etwas wie eine gemeinsame Natur hätten und sich ineinander verwandelten.« Goethe drückte es prägnanter aus. »Alles ist Blatt«, schrieb er.

Für Ruskin hatte die Idee ihren Reiz, daß »es so etwas wie Blüten nicht gibt – nur glückliche Blätter«, doch er glaubte, daß diese Auffassung durch die Wissenschaft verfälscht würde, der Sinn einer Pflanze falsch interpretiert, der nämlich darin liege, Blüten hervorzubringen. Sein Mißtrauen gegenüber der Wissenschaft ist eindeutig. »Ihr habt gelernt«, schrieb er, »daß es so etwas wie eine Blüte nicht gibt; und in soweit Eure wissenschaftlichen Hände und Eure wissenschaftlichen Gehirne, die Sprengstoffe ersinnen und den Tod bringen, statt Erblühen und Leben Staub schenken, es fertigbringen, habt Ihr die Mutter-Erde, Demeter, in eine Rächerinnen-Erde, Tisiphone verwandelt – aus der die Stimme des Blutes Eures Bruders schreit, in einem wilden Gleichklang in dieser ganzen mörderischen Sphäre.«

In einer Fußnote zitiert Ruskin einen Leserbrief des großen englischen Gartenarchitekten William Robinson an die Londoner *Times* vom 5. April 1871. Robinson war nach Paris gereist, um zu sehen, was der Französisch-Preußische Krieg in den dortigen Gärten angerichtet hatte. Im September 1870 besetzte die deutsche Armee Paris, und während des Winters verzehrte die Stadt sich selbst. Ungefähr 40000 Ochsen und eine Viertelmillion Schafe weideten im Bois de Boulogne, doch das war nicht genug. In jenem Winter wurde die Stadt kalt und dunkel und hungerte. Eine staatliche Stiftung war zugunsten der Gärten gegründet worden, um die Kriegsschäden in den französischen Gärten zu reparieren, doch Robinson war klar, daß das Geld nicht ausreichen würde. Die meisten Pariser Gärten hatten die Belagerung überstanden, berichtete Robinson, doch entlang der Avenue de l'Impératrice »bot sich ein trauriges Bild der Verzweiflung. Was einmal eine der schönsten existierenden Gartenanlagen entlang einer Avenue gewesen ist«, stellte er trocken fest, »ist jetzt so freudlos wie der Leicester Square oder ein halbleerer Müllplatz.« Das war kaum überraschend. »Nach einer ähnlichen Heimsuchung«, schrieb er, »hätten wir in London keinen einzigen Stock mehr übrig.«

Im Winter 1870–71 waren die große Pariser Gärten jedoch nicht die einzigen, die dezimiert wurden. »Als ich am 28. März nach Vitry kam«, notierte Robinson, »fand ich die ehemals hervorragende Gärtnerei des M. Honoré Dufresne verlassen vor, und auf weiten Flächen, die einst mit vielen Pflanzen und Spezies bedeckt gewesen waren, nur noch den nackten Boden.« In der Nähe eines Dorfes stieß Robinson auf einen Wall, der zum Schutz eines Artilleriegeschützes errichtet worden war. Er war aus »Matratzen, Sofas und beinahe jedem anderen größeren Möbelstück zusammengesetzt und dazwischen war Erde gestopft. Obendrein waren an verschiedenen Stellen in dem häßlichen Gebilde beinahe vierzig Töpfe mit Oleandern und Orangenbäumen zu sehen, die man in den kleinen Gärten in der Nachbarschaft eingesammelt hatte.« Robinson schrieb: »Multiplizieren Sie diese wenigen Beispiele mit der Anzahl der Bezirke, die von den kriegsführenden Parteien während des Krieges besetzt worden sind, und Sie erhalten eine Vorstellungen von den Auswirkungen des Ruhms auf die französischen Gärten.«

Erinnerungen an den Krieg, sogar an ferne, längst vergessene Kriege, gehören zu jenen Gedanken, die Gärtner instinktiv aus ihrem Denken zu verbannen suchen. So viele natürliche Kräfte zehren im Laufe der Zeit an einem Garten, daß es wenig Sinn hat, über die unnatürlichen nachzudenken, die denselben Effekt haben könnten, diejenigen nämlich, die nach Robinsons Schätzungen in einem einzigen Winter im Umkreis von zwei Dörfern nahe Paris ungefähr zweieinhalb Millionen junger Bäume vernichtet haben. Doch ich denke immer wieder darüber nach, wie Robinson Ruhm und Gärten nebeneinander stellt. »Ruhm« ist seine Kurzfassung für militärisches Denken, für Eroberungslust und Blutopfer. Ruhm und Gärten sind eine interessante Kombination, um nicht zu sagen sogar ein vollkommener Widerspruch.

Ich frage mich zum Beispiel, wie sich ein Veteran des Ersten Weltkriegs, der in erster Linie ein Grabenkrieg war, gefühlt haben mag, als er im Frühjahr 1919, im ersten Frühling nach dem Waffenstillstand, in einem ruhigen Bauerngarten zum ersten Mal seinen Spaten in die Erde stach. Was für ein Gefühl mag es für ihn gewesen sein, als sein Spaten sich in die Erde grub? Wie makellos, beinahe jungfräulich mag ihm die Erde auf den paar Quadratmetern seines heimatlichen Gartens erschienen sein nach der schmutzigen Erde an der französischen und belgischen Front, wo heute noch große Teile ehemaliger Schlachtgebiete abgesperrt sind, wo beinahe ein Jahrhundert später immer noch Knochen- und Metallsplitter, Sprengstoffe und Abfall ausgegraben werden. Das ist in der Tat Ruskins Rächerinnen-Erde, der böse Garten.

Im Dezember 1999 fegten schwere Stürme über Nordeuropa hinweg und entwurzelten in Versailles mehrere

Zehntausend Bäume, viele von ihnen beinahe zweihundert Jahre alt. Diese Photographien von der Zerstörung in Versailles sahen aus wie im frühen Stadium eines Bombardements aufgenommen, die Wälder sind entwurzelt, die Erde ist noch nicht von den Granaten zu Schlamm aufgewühlt. Doch diese Photographien ähnelten auch zwei Gemälden des Künstlers und Gartenarchitekten Hubert Robert aus dem 18. Jahrhundert. Als Louis XVI. 1774 den Thron bestieg, waren die Wälder von Versailles, die Boskette, in einem schlimmem Zustand. Man hatte dort ausgewachsene Bäume gepflanzt, die Ende des 17. Jahrhunderts in den Wäldern von Compiègne und in der Normandie ausgegraben worden waren. Es war Aufgabe des neuen Königs, die Vernachlässigung seines Vorgängers wiedergutzumachen, und er befahl das Entfernen mehrerer alter Boskette und die Neuanpflanzung von Wäldchen im weniger formalen englischen Stil.

Robert, dessen Förderer auch einer der Gartenberater des Königs war, erhielt den Auftrag, zwei verschiedene Szenen von dieser Zerstörung zu malen; beide wurden 1777 ausgestellt. Die eine heißt ›Blick auf den Wald des Apoll, während die Bäume gefällt werden‹. Robert war berühmt für seine Vorliebe für Gebäuderuinen, doch in diesem Gemälde sind die Ruinen botanischer Natur. Der Wald des Apoll zeigt eine Szene des Fleißes und der Zerstörung. Eine Gruppe Holzfäller zieht an einem Seil, das hoch in einem Baum befestigt ist, der gerade gefällt wird. Jemand arbeitet mit einer Säge an einem gefällten Baum entlang. Männer von militärischem Habitus beobachten diese Szene, ebenso modische Damen.

Das interessantere Gemälde desselben Ereignisses ist Roberts Ansicht vom Fällen der Bäume in der Nähe des Tapis Vert, mit einem Zipfel des Grand Canal, der in der Ferne verschwindet. Kinder spielen auf einer provisorischen Wippe. Holzarbeiter ruhen sich mit ihren Äxten am Fuß einer Statue und auf einem gefällten Baumstamm aus. Der König und die Königin stehen rechts im Vordergrund und schauen auf das Durcheinander in diesem Wald. Irgendwie drückt dieses Blid eine Spannung aus, die dem anderen Bild fehlt. Teilweise beruht sie auf dem grotesken Aspekt der Bäume selbst – riesige Baumkolosse – die turmhoch über der Säulenreihe im Hintergrund, über mächtigen Urnen, über einer Statue des Milo von Crotona aufragen, der von einem Löwen gefressen wird, während seine Hand sich in einem Baumstamm verklemmt hat. Es ist eine Szene wie aus William Gaddis ›JR‹, wo die »Bäume ohne auch nur die geringste Brise zu wanken begannen und ihre zersplitterten Äste in alle Richtungen schleuderten.«

Doch der wahre Grund für die Spannung in diesem Gemälde hat ihren Ursprung in der Anwesenheit von Ludwig XVI. und Marie Antoinette. Sie verwandeln diese Szene der Zerstörung und des Rummels in einen Moment, in dem zwei Welten sich überschneiden, die der Holzfäller, die ihre Äxte ruhen lassen, und die des Königs und seiner Begleitung, die siebzehn Jahre später die Klinge in ihrem Nacken spüren werden. Das Interessante an diesem Gemälde ist der Abglanz des Schreckens, das Gefühl eines botanischen Gemetzels und gesellschaftlichen Umbruchs, obwohl das Gemälde Roberts den Aufbruch zu einer neuen Ordnung bezeugt, eine Reinvestition in den Park, und die Arbeiter sich unter den Blicken ihres Brotgebers und Königs ausruhen. Es zeigt das Bild einer friedlichen Zerstörung, doch gerade in der Wiederherstellung dieser Boskette schwingt der Gedanke an das Ende jener Linie mit, die sie gerade anpflanzen läßt, auch wenn Robert das nicht wissen konnte.

Dieser Augenblick in Versailles – das Fällen jener Bäume – war lediglich eine geringfügige Anpassung in einem Garten, der sogar damals schon Geschichte war; ein Garten, der bereits über ein Jahrhundert alt war. Das Gemälde Roberts ist sowohl ein Dokument als auch ein Shakespeare'scher Einfall, eine Komödie, in der der Hof sich in einen Wald hinauswagt, in dem Chaos herrscht, dessen Zerstörung immanent ist, jedoch stets gerade noch vereitelt wird, in dem der Zerfall die Vergangenheit heraufbeschwört und nicht die Zukunft. Katharina die Große, die erfolglos versuchte, Robert nach Rußland zu holen, bemerkte, daß er es vorziehe, in einem Land zu leben, das sie als Land der Ruinen bezeichnete, genau das, was aus Frankreich während der Revolution werden würde. Denis Diderot, der Kunstkritiker und Enzyklopädist, versuchte, Roberts Faszination für Ruinen psychologisch zu begründen. Sie war, sagte er, eine Faszination mit dem Ende der Dinge und den Veränderungen, die dieses Ende mit sich bringt. »Wie alt die Welt doch ist!« stellte Diderot sich vor, dachte Robert. »Ich gehe zwischen zwei Ewigkeiten.«

Dennoch ist die Welt nicht für jeden alt, und in den amerikanischen Ebenen sind die beiden Ewigkeiten nicht Vergangenheit und Zukunft, sondern Gras und Himmel.

Ich habe mein persönliches Pendant zu Roberts Gemälde. Es ist ein Druck eines Gemäldes mit dem Titel ›Frühling in der Stadt‹, das Grant Wood gegen Ende seines Lebens gemalt hat. Darauf ist eine Szene abgebildet, in der am Rand einer Kleinstadt in Iowa die Früchte der eigenen Arbeit geerntet werden. Quilts hängen an der Wäscheleine. Zwei Männer klopfen einen auf dem Gras ausgebreiteten Teppich. Ein junges Mädchen zieht einen Ast eines blühenden Kirschbaums herab. Das Bild wird beherrscht von einem breitschultrigen jungen Mann mit nacktem Oberkörper, der mit einer Gabel die Erde umgräbt. Er ist beinahe genauso groß wie der weiße Kirchturm, der auf einem Hügel am Stadtrand in die Höhe ragt, und könnte für den Milo von Crotona Modell gestanden haben. Die Geometrie seines unbepflanzten Gartens ist ebenso wie die des bearbeiteten Bodens perfekt, aufgelockert nur von einer Reihe Iris. Der Kompost mit dem Grün des letzten Jahres ist bereits verteilt worden. Der Formalismus von Versailles – eine monarchische, absolutistische Vision einer Gartengeometrie – wurde auf eine demokratische, selbstversorgende Vision eines Gartens verkürzt.

Ich schaue seit Jahren beinahe täglich auf diesen Druck – ich stamme aus einem ähnlich bescheidenen Ort –, und erst jetzt erkenne ich, daß auch darin ein Ende zu sehen ist. Das Entstehungsjahr dieses Bildes ist 1941. In Europa wird bereits ein Krieg ausgefochten. Noch ehe dieser Mann die Samen für den Garten des nächsten Jahres auswählen kann – der dann ein Siegesgarten sein wird –, wird er nicht mehr da sein, in den Krieg gerufen, sein jährliches Umgraben verspätet, vielleicht für immer.

Mr. Mole gräbt aus – Alte und Neue Bücher

Rapunzel, der Held

Mara Mauermann

Das ist was für die Antiquare unter den Gärtnern! Und man lasse sich von dem etwas betulich anmutenden Titel nicht abschrecken, trifft er doch haargenau den Seelenzustand des erdwühlenden Menschen, auch wenn dieser selbst sich in der gegenwärtigen Epoche ›coolerer‹ Töne genieren würde, ihn so zu beschreiben.

Friedrich Schnack (1888–1977) gehört zu den liebenswürdigen vergessenen mittleren Talenten (am bekanntesten ist vermutlich sein Kinderbuch ›Klick aus dem Spielzeugladen‹). Er schuf keine große Literatur, aber seine anmutigen Schilderungen der Pflanzen- und Tierwelt (er hat über Kräuter und Wildblumen geschrieben, über Vögel und Schmetterlinge und Maria Sibylla Merian) lohnen die Wiederentdeckung allemal. Ab und an begegnet man seinen Büchern in Antiquariaten oder auf Flohmärkten. Wer eins findet: Mitnehmen!

Dieses hier malt ein Gartenjahr in einem mainfränkischen Gemüsegarten. Von Februar bis November, Rapunzel bis Rosenkohl. Sie, die Gemüsepflanzen, sind die wahren Helden des Buches. Und dann ist da natürlich der titelgebende Gärtner: »Als ich den Gärtner Borngart in seinem grünen Reich zum ersten Mal besuchte, merkte ich bald, was einzig ihn bewegte. Mochte die Weltzeit erschüttert sein, Unruhe den Planeten schütteln: den Gärtner erfüllten kühne Pflanzengesichte. Er dachte an Blätter und Pflanzenfleisch. Das grüne Licht der Gewächse durchleuchtete seine Welt. Aus seinem bürgerlich anmutenden Stoff, den die Sonne speiste und der Regen tränkte, erschuf er sich das Heil der Menschen. Seinen Gestalten, den Stauden, Wurzeln und Köpfen, wies er im Geiste und durch seine tägliche Arbeit Verfeinerungskräfte zu, von denen wir uns, ahnungslose Verbraucher und Verzehrer, nichts träumen ließen. Wir befänden uns mit unsern Ansprüchen, meinte er, erst im Vorfeld einer unüberschaubaren Entwicklung. Die künftige Wirklichkeit sei die Vollendung der Gemüsenahrung.«

Friedrich Schnack: Der glückselige Gärtner (Erstausgabe 1940; was mir vorliegt, ist die bei Herder erschienene Neuausgabe von 1977)

Schlange unter dem Gras

Mara Mauermann

Ein Gartenbuch. Ein Kunstbuch. Garten als Kunst – Kunst als Garten. Bei ›Little Sparta‹, dem Werk des Schriftstellers und Bildenden Künstlers Ian Hamilton Finlay (Jahrgang 1925, ein auf den Bahamas geborener Schotte), handelt es sich nicht um eine durch Kunstwerke ergänzte Gartenanlage. Little Sparta ist ein Gesamtkunstwerk. Aber auch, nach Ansicht des Gartenhistorikers Sir Roy Strong, »der einzig wirklich originelle Garten, der nach 1945 in Großbritannien geschaffen wurde«. In Finlay-Ausstellungen bekam man zuweilen verlockende Einblikke in diese Gartenwelt und wünschte, mehr davon zu sehen. Dieses Buch, das erste über Little Sparta, erfüllt diesen Wunsch in erfreulichster Weise durch Andrew Lawsons kongeniale Photographien und Jessie Sheelers

kundige Erläuterungen. Ein Buch zum Schauen und Staunen. Auch zum Schaudern. Die Schlange unter dem Gras: Finlays Garten ist kein reines Idyll.

Gelegen in den schottischen Pentland Hills, wächst der Garten aus der Landschaft, als könne es gar nicht anders sein. Die Landschaft ist steinig. Steine bestimmen auch die Anlage des Gartens. Steine in Form von Wegepflasterungen (welche Vielfalt!), von Trittsteinen, Plastiken,

Brücken, Sonnenuhren. Von einem Zweig baumelt eine Steintafel mit Dürers Monogramm.

Steine und Buchstaben gehören hier zusammen. Exquisit in Stein gehauene Worte, Gedichte. Hochpoetisch – oder verstörend: »Achtung! Minen«. Auch manche Plastiken unterlaufen die Idylle. Atom-U-Boote. Panzerspuren aus Beton. Eine Vogelbadewanne in Form eines Flugzeugträgers. Aber dann wieder ein Vogelnest aus Stein, komplett mit Eiern. Und selbst die Gießkannen tragen elegant geschriebene Inschriften. Drumherum: Grün. Bäume, Moose und Flechten, Hosta, Rosen, Fingerhut und Schwertlilien. Wasserflächen, in denen sich der wandelbare schottische Himmel spiegelt. Man möchte hin. In das Buche zu tauchen, ist die zweitbeste Möglichkeit.

Jessie Sheeler (Text), Andrew Lawson (Photographien): Little Sparta – The Garden of Ian Hamilton Finlay, Francis Lincoln Ltd, London 2003

Wein, Silber, Bücher – und auch Blumen

Elsemarie Maletzke

Virginia Woolf genoß es, im Sommer im Schatten der Bäume zu sitzen und mit ihren Freunden zu plaudern. Sie schrieb schöne Sätze über Rittersporn und Spargelbeete und ging gern mit dem Hund in den Hügeln von Sussex spazieren. Sie liebte Gärtnerinnen und Gärtner – Vita Sackville-West und Leonard Woolf; zupfte gelegentlich sogar selbst am Löwenzahn und schenkte ihrem Mann Terrakotta-Töpfe. Aber während sie nach dem Tee noch saß und rauchte, rannte er schon wieder zu seinen Himbeeren. Eine Gärtnerin war Virginia Woolf nicht, gibt Luise Berg-Ehlers bereits im Vorwort ihres Buches zu und macht sich trotzdem auf Spurensuche von Cornwall über London bis Sussex, beschreibt jeden Vorgarten, jeden Friedhof und jede Grünanlage, an die eine Woolf'sche Wohnung einmal grenzte, dazu die Gärten der Freunde – Long Barn, Sissinghurst, Garsington, Charleston – die alle bezaubernd waren, aber niemals die ihren. Virginia Woolf erwarb nur einen: den Garten um Monk's House in Rodmell. Dort schrieb sie im Sommer in einer Hütte. Daß die Natur ihre Wahrnehmung schärfte und ihre Phantasie beflügelte, ist ein schöner Aspekt, aber noch kein neuer aufregender Zugang zu Biographie und Werk, denn das taten auch Wein und warmes Wasser, Butler, Silber, Hunde, Teegebäck, Holzfeuer im Kamin, Perserteppiche und Bücher. So fallen die Hinweise auf die inspirierende Kraft der Hortikultur oft weit weg vom Stamm. Das Buch, einmal hingeschraubt auf den nicht zutreffenden Titel, zwingt jedes Blümchen, jede Metapher und selbst drei weiße Plastikstapelstühle auf dem Rasen vor Talland House bei St. Ives (»die an koloniale Zeiten erinnern«) in seinen Dienst. Und weil Virginia Woolf vorwiegend eine Großstadtpflanze war und das Londoner Getümmel dem Kirchenglockengebimmel von Rodmell meist vorzog, weicht Berg-Ehlers in ermüdender Redundanz auf Leben und Gartenwerk jener aus, unter deren Bäumen Virginia Woolf gerne saß, rauchte und redete.

Luise Berg-Ehlers: Die Gärten der Virginia Woolf, Nicolaische Verlagsbuchhandlung, 2004.

Beten und schmausen

Elsemarie Maletzke

»Meine Töchter, es gibt keinen Grund zum Traurigsein … wisset, daß Gott auch zwischen den Kochtöpfen zugegen ist,« sprach die Heilige Theresa von Avila – vielleicht zu jenen Schwestern, denen das Rübenputzen zu profan war? Wisset, daß die Bibel keine Kostverächter kennt: von Adams Biß in den Apfel über das Linsengericht des geistig armen Esau bis zum verfressenen König Salomon, der täglich weißes Brot und Lammbraten speiste. War Jesus nicht der herrlichste aller Winzer, der Wasser in Wein verwandelte? Und Forelle blau für viertausend Gäste springen ließ? Der Märtyrer Laurentius, der auf einem glühenden Rost zu Tode kam, hat es – eine Kostprobe grimmigen römisch-katholischen Humors – zum Schutzheiligen der Köche gebracht. In seiner Nachfolge beten, arbeiten und braten die Mönche und Nonnen. In ihren ummauerten Gärten gedeihen Trauben und Kräuter, in ihren Teichen schwimmt der fette Barsch, in ihren Biergärten schäumt die Maß. Das Kirchenjahr kennt viele Feste, und in Zeiten hausgemachter Unterhaltung waren sie die einzige Abwechslung, die das Volk mit Krach und Wonne wahrnahm, ehe es wieder ans geistlich verordnete Darben ging. Viel von der appetitlichen Üppigkeit und freudigen Schlemmerei des katholischen Kalenders läßt sich in diesem Kochbuch nachlesen, das nicht nur hochleckere Photos und Rezepte enthält, sondern nach dem sich auch reisen läßt: zu Klöstern in der Eifel und in Bayern, der Schweiz und Österreich, die zwar keinen Ruhm als Feinschmeckerlokale genießen, in denen jedoch der vom Profanen überwältigte Mensch in Stille einkehren kann. Streng nach Feiertagen, Brauchtum und der Verfügbarkeit der Feldfrüchte geordnet, liest man sich vom Christstollen-Rezept über ein Menü in Weiß zur Kommunion bis zur Martinsgans im nächsten Jahr. Und wen danach ein Völlegefühl anwandeln sollte – auch dagegen ist ein Kräuterwässerlein aus dem Klostergarten gewachsen: Enzian, Anis und Kümmel.

Wolfgang Mönninghoff: Rezepte der Äbte, Egmont vgs Verlagsgesellschaft, 2004

Ein Garten wie Musik

Elsemarie Maletzke

»Unser Garten ist kein kläglicher Garten, der mit wenig Pflege auskommt«. Soviel vorweg. Das kanadische Ehepaar Sandra und Nori Pope kaufte 1987 Hadspen Garden in Somerset, weil ihnen die vernachlässigte Anlage wie ein Rahmen ohne Bild erschien, in dem sie ihre Philosophie harmonischer Farbwirkungen ausleben konnten. (Jede Firma hat heute eine »Philosophie«, aber in diesem Fall handelt es sich wirklich um Geist, Kunst, Empirie und Farbenlehre, nicht um ein Geschmäckle). Hadspen ist ein Garten wie Musik. Die glutvolle alte Ziegelmauer stimmt an – »ein erster Celloton« –, und die Rabatte, die sich vor ihr entlangzieht, fällt ein: pflaumenblaue Cosmeen, die nach Schokolade duften, Mohn in zerknittertem Mauve, Clematis in Bleumourant, Purpurglöckchen,

Fingerhut, Blutpflaume, Storchenschnabel; dann wird es klarer – mehr Rot, wärmer, mehr Orange – und klingt unter dem Schleier von Fenchelkraut und Frauenmantel in Gelb aus. Hadspen wurde von den Popes in Halbtonschritten »sich entwickelnder Monochromie« als ein Kunstwerk komponiert, das die Grenzen von Farbe und Klang, Rhythmus und Form überschreitet. Der Küchengarten spielt dabei die zweite Geige. Roter Mangold begleitet gelben; lila Katzenminze kommt vielleicht ein bißchen zu laut. Aber die Mauer, erbaut »zu einer Zeit, als Kanada als Land noch nicht existierte«, hält sie alle zusammen. Die Pflanzen wechseln mit den Jahreszeiten, aber die Farbtöne – einschließlich Weiß – bleiben die gleichen. Ihrer Kombination und Wirkung auf die Seele sind neun Kapitel zugeordnet, die der Photograph Clive Nichols so glorios illustriert hat, daß sie einen Gang durch Hadspen Garden zwar nicht ersetzen; für einen ordentlichen Farbrausch aber reicht es durchaus.

Nori und Sandra Pope: Gärten in Weiß, Gelb, Rot oder Blau, Callway Verlag, 1999

Ein Job für Tyrannen

Ingrid Nowel

Großbritannien ist das Land leidenschaftlicher Gärtner. Im ganzen Inselreich setzen sich winzige Cottagegärten und jahrhundertealte grandiose Landschaftsgärten in Szene. Telefonbuchdicke Kompendien verzeichnen alle zugänglichen Gärten, von den hochherrschaftlichen

Prachtanlagen des Adels mit Tearooms, Picknickarealen und Gartenshops bis zu den kleinen Privatgärten mit Rosenbögen und geschmacklich zweifelhaftem Buchsbaumformschnitt. Frauen haben dabei immer eine bedeutende Rolle gespielt. Gertrude Jekyll beendete die viktorianische Förmlichkeit mit lockeren Staudenarrangements in glühenden Farben; Vita Sackville-West wurde mit ihren Sissinghurst-Gärten zur Legende. Jahrzehntelang schrieb sie Kolumnen für den *Observer*, die als Buch zum modernen Klassiker geworden sind. Gartenserien im Fernsehen sind Straßenfeger, und gibt es eine neue Anlage zu besichtigen, setzen sich Pilgerscharen und Fernsehteams der BBC umgehend in Bewegung.

So haben auch die lebensklugen, humorvollen Kolumnen der Gartenfrau Ursula Buchan für den *Spectator* und den *Independent* eine große Fangemeinde. Sie wurde in den Königlichen Botanischen Gärten in Kew und in Wisley Gardens ausgebildet, dem Stammsitz der Royal Horticultural Society und schrieb mehrere Bücher. Ursula Buchan ist aber auch Besitzerin eines großen Gartens, den sie nach einem Umzug völlig neu gestalten konnte. Sehr persönlich, unkonventionell und plauderig sind ihre Betrachtungen, die die ganze Bandbreite dessen ansprechen, was im Garten zu tun und zu lassen ist: So wettert sie über die Unart, Rhododendren langweilig zu finden, über die lähmende Vollkommenheit von Gartenkalendern, bewundert die herzerweichende Eleganz der Magnolie und leidet an unsachgemäßem Gartengerät. Sie schlägt Dinge vor, die man auf keinen Fall tun sollte – etwa einen jungen Hund anzuschaffen, wenn der Garten gerade frisch angelegt ist, oder vom schönen Rittersporn gerade mal drei Exemplare zu setzen. Sie schildert die Vorzüge eines Kiesbeetes, singt eine Hymne auf den Schrebergarten und kultiviert die Skrupellosigkeit des wahren Gärtners: »Es ist eben ein Job für Tyrannen, Sadisten und Rassisten. Schnecken zertreten, Mäuse fangen, Blattläuse zerquetschen, unerwünschte Pflanzen wegwerfen.« Eine wunderbare Unterhaltung, very british, kenntnisreich und so lebendig, daß man sofort selbst im Komposthaufen wühlen möchte – und das will doch was heißen, wenn man im Geist Blütenkaskaden und sonnige Terrassenplätzchen vor Augen hat.

Ursula Buchan: Gut im Beet, Residenz Verlag, 2003

Mrs. Potter – News from my potting shed

March, and the ground still frozen, but the snowdrops are out in full force. »A whiteness of snowdrops«, thinks the poetical gardener who has nothing else to do (the ground, as mentioned above, being still frozen: a most frustrating state of affairs). – If a multiple of swans is termed »a whiteness«, then why not snowdrops?

The idle gardener perceives some dandelions and thinks that »a pride of dandelions« would be a pretty conceit. Or »a murder of buttercups«! The gardener has cause to curse the day when she greeted the first ones with nostalgic delight. Bunches of buttercups in little childish hands, the treasure-trove of golden meadows … who would have the heart to uproot them? Yes, and who would have the perseverance these days: the gardener glances ruefully at a certain herbaceous border that's been so successfully colonised by the pest that all resistance seems futile. It has become a tedious spring custom to dig up all the lady's mantle edging, to patiently disentangle the buttercups from their roots, and to meditate the while on the supreme wisdom of the Scots, who call this menace »sit sikker«.

But with the ground still frozen, even this task must be postponed. At least this gardener's plight isn't such a grim one as that of her colleagues of some hundred years ago, who often became destitute in wintertime. With piteous cries of »Frozen-out-gardeners!«, »We've got no work to do!« or »All froze out!«, they used to patrol city streets, carrying a cabbage or turnip on a pole as a badge of their poverty.

This gardener (though the ground be still frozen) needn't go a-begging, but gives alms to the birds. »Feed the feathered mendicants that gather at your door, they'll reward you with a song as springs comes round once more«: yes, but only during exceptionally frosty spells, because this garden was planned with an eye to their needs. Showy, yet barren trees and shrubs were replaced with native varieties that produce blossom and fruit; drifts of autumn leaves, nature's larder, teem with tasty insects: in this garden, at least, the feathered mendicants feed like so many barons. And the gardener, faithful slave of the birds, decides to order a couple of new nesting boxes.

Postscriptum zu Mrs. Potter:

Die hier für Pflanzen ausgeborgten und nur unzulänglich ins Deutsche übertragenen Mengenbezeichnungen gebraucht der offensichtlich phantasiebegabte Brite für Vögel und Tiere, d. h., was bei uns prosaisch als Flug oder Rudel daherkommt, ist im Englischen, wörtlich übersetzt, »eine Weiße von Schwänen«, »ein Stolz von Löwen«, »ein Mord von Krähen«. Das schottische Dialektwort für den Kriechenden Hahnenfuß, »sit sikker«, beschreibt sehr schön dessen seßhafte Qualitäten. Die Zeile »Den Feder-Bettelmännlein streut …« stammt aus einem anonymen viktorianischen Gedicht, betitelt ›Harte Zeiten‹ (vielleicht in Anlehnung an Charles Dickens?).

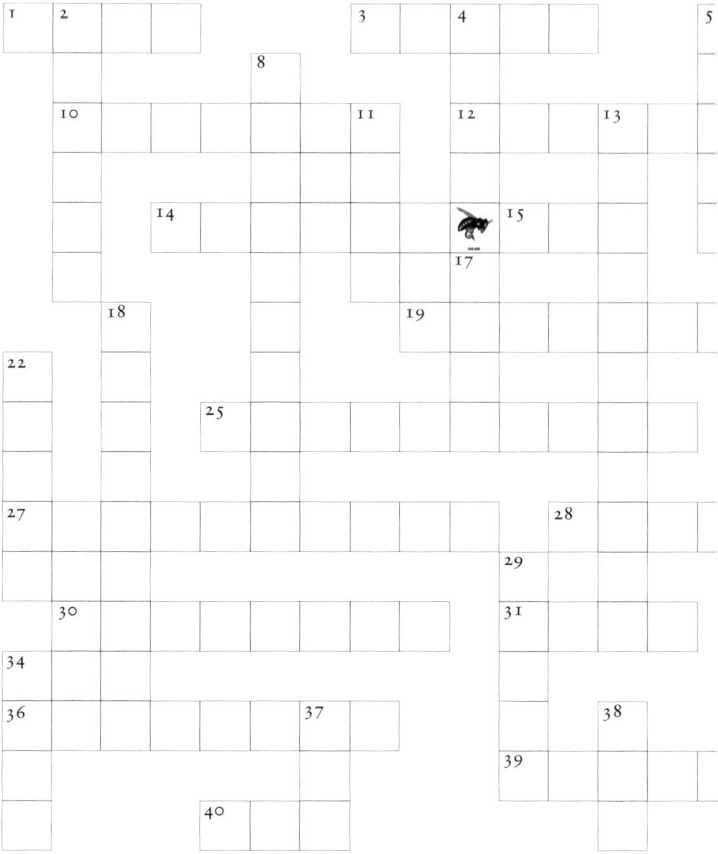

WAAGERECHT

1 Gewürzkraut
3 Vieläugiger Riese
5 Erstaunt
10 Hexengewächs
12 Königliche Frucht
14 Flaum vom Baum
15 A little
16 Für die Suppe und den Kranz
19 Stadt in Südengland
23 Auch dieser sollst du weichen
25 Nach ihm wurde die Dreimasterblume genannt
27 Vorsicht vor dieser Tatze!
28 Fliegender Kleriker
30 Abendland

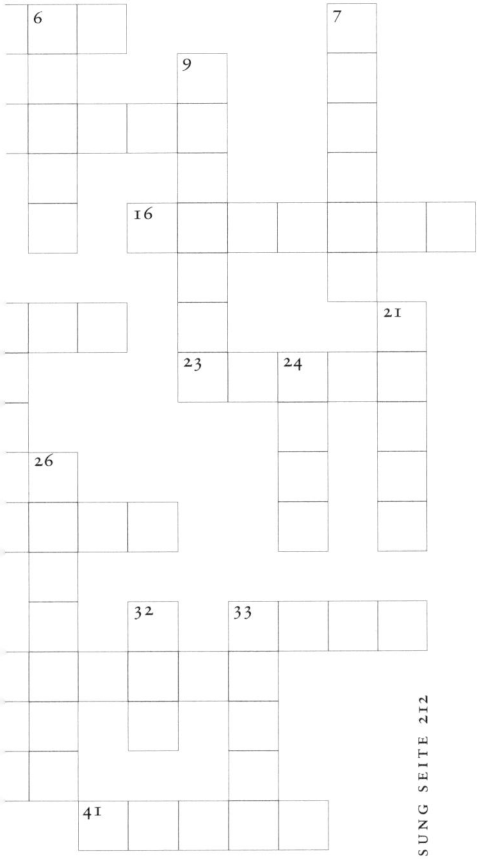

AUFLÖSUNG SEITE 212

31 Belebendes Element
33 Diese Kirsche tut nicht gut
35 Duftig und giftig
36 Vita Sackville-Wests erster Garten
39 Ohne Kanne wird das nichts
40 Sorte
41 Aufdringlicher Stadtvogel

SENKRECHT

2 Nicht zum Hauen aber zum Stechen
4 Bitte anschnallen!
5 Haltbares Grün
6 Auf den Blättern des Wollziest
7 Garten der Royal Horticultural Society in Surrey
8 Wächst es auch in Ihrem Garten?
9 Gärtner Ludwig XIV.
11 Manche mögen Mäuse nicht
13 Wächst im Kies und am oberen Ende der Schlange
17 Afrikaner ham's im Garten
18 Wer treibt es langsam aber sicher?
20 Vorname von Herrn Johannsen in ›Die Vollidioten‹
21 So blüht die Rabatte im Juni
22 Markierung
24 Stadt in der Schweiz
26 Mit dem Zahn wird gezogen
29 Erste Hälfte eines Parfumpflanzendoppelnamens
32 Mit einem Kissen auf der Bank
33 Die gehört eher in den Wald als in den Garten
34 Auf englisch: eine Parzelle, eine Verschwörung, die Handlung eines Romans
37 Mr. Moles bester Freund
38 Wild und scheu

Autorenverzeichnis

Alma de l'Aigle (1889–1959), Erzieherin, stand dem Kreisauer Kreis nahe, dessen Mitglieder 1945 von den Nationalsozialisten hingerichtet wurden. Ihr Buch ›Ein Garten‹, in dem sie über den 1888 von ihrem Vater in Hamburg angelegten Garten schreibt, führte 1988 zum Auffinden und einer teilweisen Rekonstruktion der alten Anlage. Das *Vokabular der Rosendüfte* stammt aus ›Begegnung mit Rosen‹ (Abdruck mit freundlicher Genehmigung des Dölling und Galitz Verlags, Hamburg München 2002), in dem sie 700 verschiedene Rosen beschreibt, dazu Geschichte und Pflege dieser herrlichsten aller Gartenbewohnerinnen.

Eva Demski, in Regensburg geboren, lebt in Frankfurt am Main. Ihr Werk wurde vielfach ausgezeichnet: Preis der Klagenfurter Jury, Stadtschreiberin von Bergen-Enkheim, Goethe-Plakette der Stadt Frankfurt. Zu ihren Romanen gehören ›Afra‹, ›Das Narrenhaus‹, ›Scheintod‹. Über ihre Kommentare und Reportagen urteilte der Süddeutsche Rundfunk: »Kleine Kunststücke – sprachliche Sterne am sonst häufig düsteren Himmel deutschsprachiger Bücherschreiber und Zeitungsmacher.« *Die Geschichte von den Lügentütchen* schrieb sie eigens für diese Gartenlust.

Gerald Durrell, 1925 in Indien geboren, 1933 nach Korfu gezogen. Als junger Mann »sammelte« er Tiere in Kamerun, Guyana, Paraguay und Argentinien. 1958 gründete er den Jersey Zoological Park. Zu seinen Büchern zählt ›My Family and other Animals‹ (dazu gehörte Bruder Lawrence Durrell). *Schnecken-Erotik* stammt aus ›Encounter with Animals‹ (© Rupert-Hart Davies, Penguin, London 1958). Übersetzung von Elsemarie Maletzke.

Hannes Eyber war Schauspieler, Produzent von *Ton Steine Scherben*, ist Songtexter, Rundfunk-, Drehbuch- und Kochbuchautor. Bücher: ›Rio Reiser – König von Deutschland‹, ›Eybers Küche‹. Er lebt in Frankfurt am Main. *Das Öl der Öle* ist die Essenz eines Beitrags für den Hessischen Rundfunk. Abdruck mit freundlicher Genehmigung des Autors.

Bernd Fritz, 59, lebt in Frankfurt und gärtnert in Worms. Er war Chefredakteur der *Titanic* und Redakteur im *Frankfurter Allgemeine Magazin*. Seit fünf Jahren freilaufender Journalist, veröffentlicht meist in F.A.Z., *Feinschmecker* und *Vinum*. Seit 50 Jahren Freizeitgärtner, zuerst im Garten der Großeltern, ab dem 28. Lebensjahr als Herr und Diener eines eigenen Obst- und Blumengartens (1/3 Morgen). *Der Gips, die Wutz, die Schalotte und die vergessenen Früchte* wurde für die F.A.Z. geschrieben und erscheint hier mit freundlicher Genehmigung des Autors in leicht gekürzter Form.

Johann Wolfgang von Goethes *Sag' ich's euch, geliebte Bäume* wurde am 16. Dezember 1780 an die selbstgepflanzten Bäume gerichtet, die noch heute Goethes

Gartenhaus in Weimar beschatten. Aus: ›Ausgewählte Gedichte‹, Verlag Friedrich Vieweg, 1901.

Christian Golusda, geboren 1948, Akteur und Regisseur für freies Tanztheater, Autor und Übersetzer u.a. von Publikationen über Tanz und Tänzer, außerdem Arzt für Psychiatrie, lebt in Frankfurt am Main. Bücher: ›Doktor Krittels Kinderkram‹. *Ottilies Gartenlust* schrieb und zeichnete er für dieses Buch.

Annegret Held, 1962 im Westerwald geboren, war sechs Jahre lang bei der Polizei, studierte danach Kunstgeschichte und Ethnologie. Seit 1988 alleinerziehende Mutter von Tochter Elisa. Diverse Jobs: Buchhandlung, Ambulanter Pflegedienst, Pflegehelferin im Altenheim. Bücher: ›Meine Nachtgestalten. Tagebuch einer Polizistin‹, ›Die Baumfresserin‹, ›Das Zimmermädchen‹ (verfilmt für das ZDF). Förderpreis der Berliner Akademie der Künste, Koblenzer Literaturpreis. Sie lebt in Frankfurt am Main und Pottum am See. *Der Kirschenhof* ist ein Erstdruck mit freundlicher Genehmigung der Autorin.

Eckhard Henscheid, geboren 1941 in Amberg. Mitbegründer der Neuen Frankfurter Schule, Satiriker, Polemiker, Romancier, Erzähler, Essayist. »Immerfort erzählend über ein und derselben Stelle schweben zu können, gehört zu seinen Kunstfertigkeiten«, sagt Martin Mosebach über den Italo-Svevo-Preisträger 2004. Das Gesamtwerk erscheint bei Zweitausendeins. *Rosen, Lilien, Lindenbaum* ist ein Stück für diese Gartenlust.

John Keats (1795–1821) gilt als der bedeutendste lyrische Dichter der englischen Romantik, genial und attraktiv, arm und großzügig, ein begabter Freund, von Freunden gefördert, Apotheker und Wundarzt. Seine Liebesbriefe an Fanny Brawne sprechen von der kurzen Frist, die den beiden vergönnt war. Er starb an Tuberkulose und ist in Rom begraben. *An den Herbst* stammt aus ›Werke und Briefe‹, ausgewählt und übertragen von Mirko Bonné, Philipp Reclam Verlag, Stuttgart 1995.

Verlyn Klinkenborg stammt aus einer Farmerfamilie in Iowa. Er ist Redakteur der *New York Times*, hat für den *New Yorker* und *National Geographic* geschrieben. Bücher: ›Making Hay‹, ›The Last Fine Time‹. Seine Betrachtungen zum ländlichen Leben erscheinen regelmäßig in der *New York Times*. Er lebt auf einer Farm im Staat New York. *Ruhm und Gärten* ist ›The Rural Life‹ entnommen (Little, Brown and Company, Boston, New York, London 2003, © 2003 by Verlyn Klinkenborg. Abdruck mit freundlicher Genehmigung der Mohrbooks AG, Zürich). Übersetzung von Brigitte Heinrich.

Reinhard Lettau (1929–1996), in Erfurt geboren, Mitglied der Gruppe 47. Lehrte Literaturwissenschaft in San Diego. 1993 Berliner Literaturpreis, 1995 Bremer Literaturpreis. *Waxmanns Wut über die Bäume* stammt aus ›Flucht vor Gästen‹, © Carl Hanser Verlag, München, Wien, 1994.

Elsemarie Maletzke, geboren in Schotten/Oberhessen, freiberufliche Autorin und Journalistin. Sie schrieb Biographien englischer Schriftstellerinnen: ›Die Schwestern Brontë‹, ›George Eliot‹ und ›Jane Austen‹, Reisebücher, den Roman ›Miss Burney trägt Grün‹ und arbeitet für die Reiseressorts verschiedener Zeitungen. Sie verfügt über eine Gartenbank zwischen alten Rosen, Rittersporn und etwas Flieder. *Bitte rühren Sie die Pflanzen!* ist ein Nachdruck aus der *F.A.Z.*.

Mara Mauermann siehe Mrs. Potter

Philippina Migeot, in der Pfalz geboren, im Elsaß verheiratet, Wanderin zwischen Sprachen und Ländern, gärtnert und reist nach einem kinderreichen Leben nur noch zum eigenen Vergnügen und schrieb eigens für diese Gartenlust über *Die nackten Gärtner von Abbey House*. Abdruck des Photos mit freundlicher Genehmigung von Ian und Barbara Pollard, Abbey House Gardens, Malmesbury, Wiltshire.

Arthur Miller, geboren 1915 in New York, ist eher als Dramatiker und Autor von ›Der Tod des Handlungsreisenden‹ und ›Alle meine Söhne‹, denn als Gärtner bekannt. *Nach dem Frühling* ist ein Stück aus ›Widerhall der Zeit. Essays‹ ©Arthur Miller, 2000. Aus dem Amerikanischen von Ulrich Blumenbach. Für die deutsche Ausgabe: © S. Fischer Verlag, Frankfurt am Main 2003.

Eduard Mörike hätte 2004 seinen zweihundertsten Geburtstag gefeiert. *Cantus Lusciniae in Silvis CleverSulzbaccensibus observatus*, der Nachtigallengesang, den er in den Wäldern von Clever-Sulzbach belauschte und notierte, gehört vermutlich zu den musikalischen Späßen, die er im Freundeskreis trieb. Autograph aus dem Katalog ›Mörike und die Künste‹, Schiller Nationalmuseum, Marbach 2004

Mr. Mole – der Maulwurf – ist einer der Helden in Kenneth Grahames klassischem Roman für Kinder ›Der Wind in den Weiden‹ (©Verlag Kein & Aber, Zürich 2004). »Der Frühling rumorte oben in der Luft herum und unten in der Erde herum und rund um den Maulwurf herum. Er drang in seine dunkles und bescheidenes Haus und brachte seine eigenen Launen: die Unzufriedenheit der Götter und die Sehnsucht. So kann es nicht erstaunen, wenn der Maulwurf plötzlich den Pinsel zu Boden schleuderte, ›Schwachsinn!‹ und ›Mit mir nicht!‹ sagte, sowie ›Zum Henker mit dem Frühjahrsputz!‹ und aus dem Haus schoß, ohne auch nur einen Mantel anzuziehen.« (Übersetzung von Harry Rowohlt). Den Mr. Mole, mit und ohne Hut, schuf **Hans Traxler**, Zeichner, Maler, Satiriker, Mitbegründer der Neuen Frankfurter Schule und »der unbestrittene Doyen der deutschen Karikaturisten« (Wiener *Kurier*) speziell für die Gartenlust.

Martin Mosebach, 1951 in Frankfurt geboren, studierter Jurist, 1980 mit dem Förderpreis der Jürgen-Ponto-Stiftung ausgezeichnet; seitdem freier Schriftsteller. 1999 erhielt er den Doderer-Preis. Sein Werk umfaßt Romane, Erzählungen, Gedichte, Theaterstücke, Drehbücher und Libretti, darunter ›Westend‹, ›Der Nebelfürst‹, ›Mein Frankfurt‹. *Gärten auf Capri – Versuche, zu bestehen oder in Schönheit unterzugehen* erschien 1999 in der Frankfurter Allgemeinen Zeitung und ist hier mit freundlicher Genehmigung der F. A. Z. und des Autors nachgedruckt.

Ingrid Nowel lebt in Stuttgart. Sie ist Journalistin, reist den schönen Dingen des Lebens hinterher und schreibt über Kultur, Kunst, Literatur, Kochkunst und Gärten. Zu ihren Büchern gehören Reiseführer über Südengland, London, Berlin und den Schwarzwald. *Ein Job für Tyrannen* schrieb sie für die Gartenlust.

Eleanor Perényi, Tochter eines amerikanischen Marineoffiziers, wuchs in Europa, China, Westindien und den USA auf. Sie war geschäftsführende Redakteurin von *Mademoiselle*, Redakteurin bei *Harper's Bazaar*, schrieb für *The Atlantic Monthly* und *Esquire.* Ihre Bücher: ›Liszt: the Artist als Romantic Hero‹, ›More was lost‹ über ihre Ehe mit einem ungarischen Baron. Sie lebt in Connecticut. *Zeig mir deinen Vogel* stammt aus ›Green Thoughts‹, The Modern Library, Random House, New York 1981. ©1981 by Eleanor Perény. Abdruck mit freundlicher Genehmigung des Mohrbooks AG, Zürich. Übersetzung von Elsemarie Maletzke.

Mrs. Potter alias **Mara Mauermann**, Jahrgang 1955, geboren in Essen und nie dort weggezogen, obwohl ihre Seele eher die Britischen Inseln bewohnt. Exemplar der heute rar gewordenen Spezies der Privatgelehrten; dilettiert vielseitig und zuweilen gar in himmlischen Sphären (Herausgeberin von ›Haffmans Himmlisches Hausbuch der Engel‹). Ansonsten sehr erdverbunden und derzeit im Begriff, aus einem innerstädtischen Schlachtfeld einen verträumten zweiten Garten zu machen. *News from my potting shed* ist ein kleiner Denksport für anglophile Leser, den sie für die Gartenlust verfaßte.

Hilke Raddatz zeichnet seit 25 Jahren die Vignetten zu den ›Briefen an die Leser‹ in *Titanic.* Zu ihren Kinderbüchern gehören ›Die Warner von Bockenheim‹, ›Der Erpresser von Bockenheim‹, ›Die Punker von Bockenheim‹, ›Helmut, das Erdferkel‹ und ›Der vorletzte Panda‹. Sie lebt in Hamburg. Die beseelten Gemüse zeichnete sie für die Gartenlust.

Margaret Roach, amerikanische Garten-Autorin, deren Beiträge regelmäßig in *New York Newsday* und *Martha Stewart Living* erscheinen. Sie gärtnert auf ihrem Anwesen im Staat New York, *Das Versprechen der Gemüse* stammt aus ›A Way to Garden‹, Clarkson Potter, New York 1998. @1998 by Margaret Roach. Übersetzung von Brigitte Heinrich.

Vita Sackville-West (1892–1962) lebt fort als Schöpferin von Sissinghurst Garden, als Romanschriftstellerin

(›Schloß Chevron‹, ›Erloschenes Feuer‹) und Gartenkolumnistin (›Mein Frühlingsgarten‹, ›Mein Sommergarten‹) *Rosa Mundi* ist eine von ›Some flowers‹, die sie ›In your garden‹ preist. Pavilion Books, London 1993. Abdruck mit freundlicher Genehmigung der Curtis Brown Group Ltd. & Agence Hoffman GmbH, München. Übersetzung von Elsemarie Maletzke.

Axel Sanjosé, geboren 1960 in Barcelona, lebt seit 1978 in München. Studium der Deutschen Philologie, diverse literaturwissenschaftliche Tätigkeiten, seit 1999 Texte und Öffentlichkeitsarbeit für das Designbüro KMS. Lyrik, Glossen, Übersetzungsprojekte aus dem Katalanischen. 2004 erschien sein Gedichtband ›Gelegentlich Krähen‹. *Die Lebensmittellyrik* diese wird in einzelnen Folgen in *Titanic* veröffentlicht. Die hier abgedruckten Gedichte sind Kostproben davon. Abdruck mit freundlicher Genehmigung des Autors.

Karla Schneider, geboren 1938 in Dresden; nach dem Abitur ein Jahr Fabrik, dann Ausbildung zur Buchhändlerin und freie journalistische Tätigkeit. 1979 Übersiedlung nach Wuppertal; seit 1989 freie Schriftstellerin. Veröffentlichungen u.a. ›Der Knabenkrautgarten‹, ›Kor, der Engel‹, ›Almuth und Helene‹, ›Die Reise in den Norden‹, ›Rückkehr nach Podgoritza‹. *Katzengräber* schrieb sie eigens für diese Gartenlust.

Anna E. Tauber, in London als Tochter eines deutschen Emigranten und einer englischen Hofdame geboren, aufgewachsen in Surrey. Mit neun Jahren die erste gärtnerische Großtat: eine Tagetes-Rabatte. Seit Kindertagen führt sie auch Tagebuch – ohne Veröffentlichungs-Absicht. Die Hoffnung, ihr Garten in der Pfalz – vor zehn Jahren aus einer Wiese herausgestochen – werde einmal unkrautfrei sein, wird sich vermutlich nicht erfüllen. *Parachutisten im Garten* spricht von ihren Bemühungen. Abdruck mit freundlicher Genehmigung der Autorin.

Guiseppe Tomasi di Lampedusa (1896–1957). *Ein schamloser Duft* weht aus Sizilien herüber. ›Der Leopard‹, aus dem das Zitat stammt, war der erste Roman des 60jährigen Autors. Er handelt vom Untergang eines Adelsgeschlechts. Deutsch von Charlotte Birnbaum, ©Verlag Rütten&Loening, Berlin 1968.

Susanne Wiborg ist Journalistin und lebt in der Nähe von Hamburg. Sie schreibt vorwiegend über Historisches, Hanseatisches – und natürlich Botanisches, u. a. Kolumnen für *Die Zeit* und *Kraut & Rüben*. Ihre Bücher: ›Von Kümmel, Giersch und Türkenbund‹, ›Pflanzen-Highlights‹. Mit dem eigenen Garten hat sie sich einen Kindertraum erfüllt und es noch nie bereut. Wo sonst gibt es so viele Abenteuer so dicht vor der Haustür – und das auch noch jederzeit? *Schöne fremde Rose* und *Stinkmorchel* erschienen zuerst in *Die Zeit*. Abdruck mit freundlicher Genehmigung der Autorin.

Auflösung

WAAGERECHT

1 Ysop
3 Argus
5 baff
10 Alraune
12 Reineclaude
14 Pappel
15 Bit
16 Lorbeer
19 Malmesbury
23 Eiche
25 Tradescant
27 Baerenklau
28 Dompfaff
30 Okzident
31 Luft
33 Toll
35 Datura
36 LongBarn
39 giessen
40 Art
41 Amsel

SENKRECHT

2 Spaten
4 Gurt
5 Buchs
6 Flaum
7 Wisley
8 Suppengrün
9 Lenotre
11 Ekel
13 Natternkopf
17 Yams
18 Schnecken
20 Ulf
21 reich
22 Kerbe
24 Chur
26 Sauzahn
29 Ylang
32 Ruh
33 Tanne
34 Plot
37 Rat
38 Reh

Abbildungsnachweis:

Hans Traxler (Seiten 11, 186); Wim Schafspelz (Seiten 24, 34, 35, 173), Christian Golusda (Seiten 30–33); Barbara und Ian Pollard (Seite 79); Hilke Raddatz (Seiten 83–85); Katzenstein von Terence Blackwell (Seite 87); Elsemarie Maletzke (Seiten 97, 99, 107, 109, 127, 129, 130); Robert Gernhardt (Seite 147); Jürgen Röhrscheid (Seiten 149, 189).

In einigen wenigen Fällen ist es leider nicht gelungen, die Rechteinhaber ausfindig zu machen. Doch ist der Verlag selbstverständlich bereit, geltend gemachte Ansprüche nach den üblichen Sätzen zu erfüllen.

HEINRICH & HAHN
Daphne du Maurier
Der Apfelbaum
Erzählung